MÉMOIRE

SUR LES EFFETS

DE L'IMPÔT INDIRECT.

F. 5191.

MÉMOIRE

SUR LES EFFETS

DE L'IMPÔT INDIRECT

SUR LE REVENU

DES PROPRIÉTAIRES

DES BIENS-FONDS,

Qui a remporté le PRIX proposé par la Société Royale d'Agriculture de Limoges en 1767.

Brama affai, poco fpera, e nulla chiede.

Aminta di Taffo.

A LONDRES.

M. DCC. LXVIII.

Sujet du Prix propofé par la Société Royale d'Agriculture de Limoges.

ON propofe *de démontrer & d'apprécier l'effet de l'Impôt indirect fur le revenu des Propriétaires des biens-fonds.*

Il paroît néceffaire de donner quelques éclairciffements fur le fujet de ce fecond Prix, & de fixer avec exactitude l'état de la queftion.

Les perfonnes les plus éclairées dans la fcience de l'économie politique favent depuis long-temps, que *tous les Impôts, fous quelque forme qu'ils foient perçus, retombent néceffairement à la charge des Propriétaires des biens-fonds, & font toujours, en dernière analyfe, payés par eux feuls, ou directement, ou indirectement.*

L'Impôt que le Propriétaire paie immédiatement fur fon revenu, eft appellé *Impôt direct.* L'Impôt qui n'eft point affis directement fur le revenu du Propriétaire, mais qui porte, ou fur les frais productifs du revenu, ou

fur les dépenfes de ce revenu, eft appellé *Impôt indirect*.

L'*IMPÔT indirect*, malgré la variété
des formes dont il eft fufceptible, peut
fe réduire à trois claffes : l'*Impôt fur
le cultivateur ; l'Impôt fur les profits de
l'argent ou de l'induftrie ; l'Impôt fur
les marchandifes, paffantes, vendues ou
confommées*. Ces trois claffes, & les
différentes formes d'Impofitions dans
lefquelles elles fe fubdivifent, peuvent
retomber fur les Propriétaires, par un
circuit plus ou moins long, & d'une
manière plus ou moins onereufe.

LES Propriétaires paient l'*Impôt indirect* de deux façons, en augmentation de dépenfe & en diminution de
revenu. Si l'augmentation de la dépenfe ne tombe pas uniquement fur le
Propriétaire, mais fur le cultivateur;
elle devient, quant à la partie fupportée par celui-ci, augmentation de
frais de culture, & par conféquent
diminution de revenu. Si, par les variations que les befoins de l'Etat ame-
nent dans la quotité de l'Impôt, la
dépenfe des cultivateurs augmente
d'une manière imprévue, la condition
du cultivateur deviendra plus mauvaife; il ne pourra plus remplir les en-

gagements qu'il a contractés antérieu-
rement avec le Propriétaire des fonds,
sans prendre, ou sur le salaire de ses
peines affecté à sa subsistance & à l'entretien de sa famille, ou sur les avances affectées à la reproduction de l'année suivante ; laquelle sera diminuée à
proportion : ce qui le forcera de chercher un second supplément , toujours
plus fort , sur le fonds de ses avances.
Ainsi , tandis que la charge croîtra
d'année en année , les produits diminueront toujours ; & le cultivateur mar-
chera à grands pas vers sa ruine totale,
jusqu'au moment où le terme de ses engagements lui permettra (s'il peut encore les renouveller) de faire supporter la totalité de la charge au Propriétaire , en lui donnant un moindre prix
de sa terre. L'Impôt qui est ainsi prélevé sur les avances nécessaires à la
production du revenu, au lieu de l'être
sur le revenu, est appellé par quelques
Ecrivains *Impôt anticipé.*

De très grands génies ont cru que
la forme des *Impôts indirects*, mis sur
l'industrie & les consommations, pouvoit avoir beaucoup d'avantages ; en
ce que le partage *apparent* des charges

publiques entre tous les membres de la société, en rends le poids moins sensible : en ce qu'une partie de cette charge est payée volontairement : en ce qu'elle se proportionne d'elle-même à la fortune des contribuables, qui ne paient qu'à proportion de leurs dépenses, & qui ne dépensent qu'en proportion de leurs richesses : enfin, en ce que ces Impôts sont quelquefois, dans la main du Gouvernement, un moyen d'écarter de certaines branches de commerce la concurrence des étrangers, & d'en réserver le profit aux nationaux.

D'AUTRES prétendent, au contraire, que l'*Impôt indirect*, non-seulement *retombe en entier* sur les Propriétaires des fonds, mais qu'il y retombe d'une manière beaucoup plus onereuse, qui même a été évaluée, dans quelques écrits, au double de ce qu'on paieroit, *si l'Etat avoit demandé directement aux Propriétaires la même somme que le trésor public retire de l'Impôt indirect.*

UNE question dont les conséquences sont aussi étendues & aussi intéressantes, a paru à la Société digne d'être proposée aux recherches des personnes éclairées.

MÉMOIRE

SUR LES EFFETS

DE L'IMPÔT INDIRECT.

Messieurs,

Quand on examine les Etats de l'Europe ; lorsqu'on remonte jusqu'aux plus anciennes Monarchies, on voit avec furprife que le revenu public, fi peu onereux aux Peuples, lorfqu'il eft dirigé par des principes juftes & folides, a été par tout l'Univers, & dans tous les temps, le deftructeur des Empires, tandis qu'il n'eft créé que pour leur confervation. Les hommes ont médité profondément fur toutes les fciences fpéculatives ; ce n'eft que de celle qui eft la plus effentielle à leur exiftence qu'ils n'ont jamais effayé de développer les principes : au contraire, par une fatalité inconcevable, leur raifon ne leur a fervi qu'à enfanter des erreurs plus funeftes que l'ignorance.

LES villes font le féjour des Savants ; mais l'étude de la fcience économique a toujours été négligée par ceux qui les habitent. Elle doit être faite fur les leçons de la nature par des Efprits capables des plus grands détails & des plus profondes combinaifons. Les villes n'en offrent ni les idées ni le goût ; elles n'en préfentent point les objets, & encore moins les rapports qui conduifent aux vérités mères, pour les développer, & en former une fcience. Malheureufement cette marche méthodique de la raifon eft au deffus des connoiſſances & des forces des Habitants de la campagne. Ceux-ci ne voient que le travail de la culture, & ceux-là n'en jouiſſent que par l'entremiſe de l'induſtrie qu'ils ont toujours regardée comme la ſource de l'opulence des Nations. Dans ces diſpoſitions générales du genre humain, on eſt reſté enſeveli dans les ténèbres de l'ignorance du Droit naturel qui ſeul doit régler la conduite des hommes.

IL eſt cependant indiſpenſable de le connoître ; car l'harmonie de la ſociété générale eſt combinée avec tant de ſageſſe, que perſonne ne peut en troubler les accords, ſans être auſſi-tôt la victime de ſa téméraire imprudence. Il s'en faut bien que le partage des reproductions de la terre puiſſe être dépendant des erreurs de l'autorité, ou livré impunément aux uſurpations de la cupidité. Non : l'Etre ſuprême en a fixé l'ordre immuable par des loix bienfaiſantes. Cet ordre eſt la baſe de la proſpérité des Empires, & du bonheur général. Il eſt ſi merveilleux, qu'il comprend tous les rapports des Nations entr'elles, l'étendue du devoir des Sujets, & les bornes du droit de ceux qui les gouvernent. Si la défense de la propriété ne peut être que le fruit de la cotisation des Citoyens pour une portion de ses produits, la solidité de la puissance d'un Etat dépend de n'en pas excéder la mesure, & de n'exiger que la vraie portion qui lui appartient ; pour peu que les Sujets refusent de fournir une contribution assez considérable, le bras tutélaire, armé pour leur conservation, n'aura pas un degré de force suffisante pour l'assurer. Qu'un Souverain, au contraire, veuille puiser dans une autre source que celle qui lui est assignée ; qu'abusé dans ses prétentions, il laisse détourner une partie des eaux de leur cours naturel, tout s'épuise, & se desséche successivement ; toutes les opérations qu'on lui fait soutenir dans cet égarement pour accroître son autorité, minent sourdement sa puissance.

Vos réflexions, Messieurs, vous ont découvert ces vérités. Le choix de la branche d'Administration sur laquelle vous fixez aujourd'hui vos regards, & que vous invitez d'approfondir, fait autant l'éloge de votre intelligence que de votre zèle.

Quand l'erreur dans cette partie n'auroit pas encore commencé à faire sentir ses ravages, le développement des principes que vous proposez, ne seroit pas moins utile pour en garantir l'humanité. Mais l'anéantissement de la plus grande partie de notre revenu, ainsi que l'affoiblissement de notre puissance que cette erreur a augmenté si rapidement, sur-tout depuis un siècle, rend votre entreprise indispensable & pressante : animé par le même patriotisme, j'ose entrer dans la lice que vous préparez. Si le prix que vous destinez au vainqueur, devoit être le seul point de vue des combattants, je connois trop ma foiblesse pour hasarder de me mesurer avec les athlètes redoutables qui se présenteront pour le disputer : un motif plus généreux me guide ; le cri de la Patrie fait taire celui de l'amour-propre. Je ne vois dans ce moment que le besoin de rétablir la puissance du Souverain, & le bonheur des Sujets ; de sonder les plaies de l'Etat ; enfin de replacer la machine économique sur ses anciens fondements qui ont soutenu sa prospérité pendant tant de siècles. Je crois

qu'il eſt du devoir de chaque Citoyen
de prêter ſon bras à cette grande œuvre. Je me plais à imaginer que tous
mes émules n'ont d'autre but que d'en
être les coopérateurs. Loin de redou-
ter leur nombre, je deſire qu'il ſoit
aſſez conſidérable, pour que notre
réunion force de reconnoître que c'eſt
un vœu général qui s'exprime avec la
confiance qu'inſpire la bienveillance
du Miniſtère, ainſi qu'avec le ménagement qui caractériſe la vérité, &
qui ſuffit pour la conviction.

NE pouvant mettre trop de clarté
dans la diſcuſſion d'une matière ſur laquelle la cupidité a répandu les nuages les plus épais ; je me propoſe de la
conſidérer ſous des points de vue iſo-
lés. Pour le faire avec ordre, je com-
mencerai par démontrer que toutes les
Impoſitions indirectes finiſſent par retomber entièrement ſur le revenu des
Propriétaires ; enſuite je tâcherai d'apprécier leurs effets ſur la reproduction
& ſur ce revenu ; enfin je ferai l'application de toutes les connoiſſances
qui auront été développées à la ſituation actuelle de la France. Celle où
elle ſe trouve, fournira les preuves

les plus folides de mes raifonnements ;
car je ferai fentir qu'elle eft précifément au degré d'affoibliffement auquel
la déprédation de l'Impôt indirect a
dû la réduire. Ainfi ce Mémoire fera
divifé en trois parties, qui ne feront
qu'une gradation fucceffive de vérités. Mes plus fortes armes feront des
calculs. Ils font l'écueil de tous les
paradoxes ; c'eft par eux feuls qu'on
peut éviter tous les pièges de la rufe,
& parvenir à l'évidence.

PREMIERE PARTIE.

QUE les Souverains feroient puiffants & les Peuples heureux, fi dans
le changement de forme des Gouvernements, lorfque l'Impôt devint un
tribut auffi légitime qu'indifpenfable,
on fe fût appliqué à connoître la feule
bafe fur laquelle il devoit être établi !
Ce point effentiel une fois déterminé,
il eût été facile de fe tracer un plan de
conduite dont rien n'auroit pu dé-
ranger l'ordre. En effet, fi l'on fût
parvenu à fe convaincre qu'il n'y
avoit de richeffes difponibles dans
tout l'Univers, que le produit net de
la terre, qui eft l'excédent des reproductions confommées par les Agents
de la culture, toute l'attention fe fût
réunie pour découvrir dans chaque
Etat le produit net de fon territoire :
alors cette connoiffance eût été une
bouffole infaillible pour guider toutes

les opérations. Elle eût montré l'étendue de la puiſſance de chaque Royaume ; elle eût fixé la portion du revenu territorial que les Souverains auroient pu exiger pour ſoutenir la dignité de leur trône, & pour les frais de l'adminiſtration intérieure pendant la paix ; elle eût de même indiqué les reſſources qu'il pouvoit fournir par de plus grands ſacrifices pendant la guerre. Cette redevance dépendante d'un point fixe, le crédit n'auroit pu s'y ſouſtraire, ni l'indigence obſcure en être accablée ; bien plus, perſonne n'eût été cenſé la payer.

ELLE auroit été une charge conſtante & proportionnelle de tous les fonds dont le Souverain ſe feroit trouvé réellement copropriétaire ; ou plutôt il auroit été le ſeul propriétaire de l'étendue indiviſe de chaque propriété qui l'auroit payée. Ainſi perſonne n'auroit imaginé la vendre, ni l'acheter : quoique confondue dans toutes les poſſeſſions, chacun ne s'en feroit regardé que comme le ſurveillant & l'économe : en l'aliénant, on n'en auroit tranſmis que l'inſpection,

& elle n'auroit point été comprife dans le prix de l'acquifition de la propriété.

Ce feul & véritable droit du Souverain eût été le gage du rapport intime qui doit exifter entre lui & fes Sujets, ainfi que le garant de la profpérité générale ; car la puiffance publique n'en étant qu'une portion dépendante, l'Adminiftration auroit fenti combien elle auroit été intéreffée à l'augmenter, ou du moins à la conferver : inftruite des moindres pertes qu'elle auroit partagées, elle fe feroit empreffée à en connoître la caufe, & à y apporter le plus prompt remède.

Avec une telle connoiffance du revenu général, tous les Etats auroient été à l'abri des pièges de la cupidité & de l'ambition. Toujours la balance à la main, chaque Souverain auroit connu le jufte degré de fes forces. Ils fe feroient tous aifément convaincus que des conquêtes qui épuifent, affoibliffent la puiffance, tandis que la modération & l'économie qui empêchent de les entreprendre, la foutiennent & l'accroiffent. Les Citoyens jouiffant de la plus grande fécurité, régiroient

avec plaifir la portion de leurs domaines qu'ils fauroient appartenir à
l'Etat; ils ne craindroient point que la
force ou la rufe cherchât à l'étendre
fur leur propriété. Ils amélioreroient
le tout avec confiance, dans la certitude qu'on ne leur raviroit point le
fruit de leurs avances & de leurs travaux; après les avoir retirées, ils ne
regretteroient pas d'en partager les
profits avec le Gouvernement dont
la protection auroit favorifé le fuccès.

COMME ils payeroient fans crainte
chaque année au Souverain ce qu'ils
fauroient lui appartenir; ce tribut d'attachement & de reconnoiffance parviendroit promptement & fans frais
par des canaux directs dans le tréfor
public; ainfi il n'y auroit aucune différence entre ce que l'Impôt coûteroit
aux Citoyens, & ce qu'il produiroit à
l'Etat. Avec une conduite auffi favorable & auffi éclairée, tout le refte
profpéreroit par une immunité complette. L'aifance générale mefureroit
la confommation & la population. Les
différentes pofitions décideroient le
genre de travail, & une concurrence

indéfinie fixeroit feule , & toujours utilement , tous les prix.

TEL eſt le portrait naturel de l'harmonie & du bonheur qui feroient les fuites de l'Impôt unique territorial. Mais au lieu d'être parti de ce point lumineux, on a épaiſſi les ténèbres ; bien loin de fuivre cette route droite & unie, on s'eſt enfoncé dans un dédale où chaque pas augmente l'égarement.

N'AYANT jamais fongé à diſtinguer dans la reproduction totale les repriſes de la culture d'avec le vrai revenu ; n'ayant aucune idée des frais de l'exploitation , ainſi que des falaires de l'induſtrie à la folde des Propriétaires , on s'eſt plû à fe faire illuſion fur fon opulence. On s'eſt autoriſé à la croire bien conſidérable, en regardant les canaux de la dépenſe comme une feconde fource de richeſſes , & plus abondante que le fein de la terre richement cultivé.

DANS cette funeſte prévention, tous les rapports de la Société ont été rompus ; chaque claſſe de Citoyens s'eſt féparée d'intérêts ; les Souverains eux-mêmes ont imaginé que les leurs devoient être différents de ceux de leurs Sujets. Le fruit de cette divifion a été de les trahir tous en croyant les favorifer, ou du moins les défendre.

Les grands Propriétaires, avides des graces du Gouvernement, fans vouloir contribuer à fes charges, ne confentirent à l'établiffement de l'Impôt, qu'à condition qu'ils en feroient exempts. Auffi aveugles qu'injuftes dans leur réfiftance, ils préparèrent leur ruine par les moyens même qu'ils crurent propres à conferver leur revenu intact : ils ne furent en garde que contre les atteintes directes qu'on auroit tenté d'y porter, & ils témoignèrent la plus grande indifférence pour les indirectes ; ils ne prévirent point les reflets ruineux qui devoient faire retomber fur eux un poids bien plus pefant que celui auquel ils crurent fe fouftraire. En fe prêtant à cette erreur, les Gouvernements prouvèrent qu'ils la partageoient ; ils énervèrent de même leur puiffance par les mefures qu'ils prirent pour l'augmenter. Les Souverains, fans aucune règle fûre pour eftimer leurs forces, furent contraints

de se laisser tromper , & prévenir
qu'elles étoient inépuisables. Aussi-tôt
tous les projets de l'ambition parurent
ne devoir être resserrés dans aucunes
bornes ; les secours de l'ordre & de
l'économie furent conséquemment ju-
gés superflus. Cependant les grandes
entreprises & la dissipation firent bientôt sentir de grands besoins.

Quoique l'on fût faussement convaincu que les richesses nationales
auroient pu facilement y faire face,
& qu'un accroissement d'Impôt fourniroit à un accroissement de dépense ;
on n'osa pourtant suivre ces idées.
L'augmentation de l'Impôt auroit été
trop considérable & trop prompte ; on
pensa que pour acccoutumer au joug,
il falloit ne le faire sentir qu'avec ménagement, & ne l'appesantir que successivement : l'adresse vint au secours
de la timidité ; on se fit un plan secret
d'opérations fausses qu'on masqua , &
dont on ne prévit pas les conséquences.

Réduit à prendre des routes obliques , on s'appliqua à déguiser l'Imposition sous mille formes différentes : on
crut la faire trouver moins onereuse

en la divifant ; une juftice diftributive peu éclairée préfida à fes différentes modifications ; des prérextes fpécieux tinrent lieu de raifons, & on les fit valoir pour légitimer des entreprifes injuftes &° pernicieufes. Sans fonger qu'un droit fur les confommations les reftreignoit, & diminuoit la valeur des denrées qui y étoient foumifes, on ne vit que la facilité de l'établir, & la commodité de l'étendre. L'obfcurité de fa perception fournit d'autant plus de partifans de cette méthode ruineufe, qu'elle devoit procurer des fortunes rapides aux dépens de la profpérité générale.

NE foupçonnant pas même que les richeffes étoient le feul principe de la reproduction, qu'elles en étoient le gage & la mefure, on impofa les reprifes des Cultivateurs : bien loin de les regarder comme le dépôt le plus facré de la Société, on prétendit que cette charge étoit un aiguillon pour foutenir l'activité du Colon, tandis qu'en le ruinant, on devoit accroître fon dégoût, & le dévouer à la pareffe.

ON a été jufqu'à fe perfuader que les hommes qui n'ont que des befoins à fatisfaire, étoient des êtres produc-

tifs eux-mêmes, & en conséquence on n'
en exigea une contribution par tête,
en annonçant qu'elle étoit le prix de
la sûreté que les Loix leur procuroient;
comme si un homme devoit payer à
l'Etat la conservation du prix des services qu'il lui rend par son travail, &
celle de la vie qu'il tient de la Provi-
dence.

ENFIN, dans l'idée sans doute que
les bénéfices des revendeurs, & les
salaires de main-d'œuvre se puisoient
dans quelque source mystérieuse, on
décida, sans la connoître, qu'on avoit
droit d'en partager le produit (1) pour

---

(1) C'EST pour n'avoir jamais étudié la différence de constitution, & d'intérêts des petits Etats républicains composés de Comp-
toirs de Revendeurs, que la sagesse de leur
conduite a produit l'égarement des grandes
Puissances agricoles. Celles-ci se seroient bien
gardé de les imiter, si elles avoient bien connu
les différents principes qui devoient guider
leur administration. En effet, ceux-là n'ayant
d'autres ressources pour exister, que des salaires, il leur est impossible de former un revenu public pour la défense commune par un
Impôt direct; ils sont donc nécessités de recourir à des Impositions indirectes qui enlèvent à chacun une partie des profits gagnés au

les frais de la protection qu'on leur accordoit.

---

service étranger. Elles sont les seuls moyens à leur disposition pour faire contribuer en faveur de la chose publique ; d'ailleurs l'Impôt indirect qui n'est funeste que par ses reflets destructeurs sur les avances de la culture, ne peut leur être préjudiciable, puisque les bornes étroites de leur territoire ne leur permettent pas de compter un revenu.

MAIS cette administration forcée qui est prudence dans ces petits Etats précaires, est une faute grave dans les Royaumes agricoles. Leur supériorité fondée sur un revenu indépendant, borne tous leurs soins à le conserver, & à l'accroître. Leur unique but doit donc être d'entretenir une grande & riche culture ; ils trouvent dans elle la juste mesure d'une contribution abondante & facile : ils doivent regarder le commerce en maîtres, tandis que les autres ne le connoissent, & ne s'en occupent qu'en mercenaires : leur intérêt ne s'étend que jusqu'aux ventes de la première main, parce qu'elles seules décident du revenu : le détail des reventes ne mérite point de fixer leurs regards ; des communications faciles, & une liberté indéfinie leur répondent du succès le plus étendu.

AU-LIEU de sentir cette différence de leur constitution, & de s'en prévaloir, ils ont adopté un plan destructeur de leurs avantages ; ils se sont laissé surprendre par l'avidité de leurs Sujets revendeurs. Ceux-ci ne voyant dans le commerce que de l'argent, ils ont communi-

MAIS l'Impôt affis & perçu fous ce**s** formes vicieufes détruifit fucceffive-**·**

---

qué leur jaloufie fur les falaires que les étrangers gagnoient à force d'activité & d'économie ; ils ont crié que c'étoient leurs dépouilles qu'ils enlevoient ; ils font parvenus à fe faire entendre , parce qu'on n'avoit pas des vues plus nettes & plus étendues que les leurs ; & bientôt, par une prévention générale qui a féduit tous les Miniftères agricoles, ces grands Empires fe font dégradés & affoiblis. Ils n'ont fongé qu'à fe faire Revendeurs , & ils ont facrifié le profit immenfe de ventes avantageufes, au gain privé de quelques reventes onereufes. Ardents à difputer le dernier, ils ont pris pour y réuffir des mefures directement oppofées au but où ils tendoient ; fuite naturelle de réglements combinés fans principes. On avoit un moyen fimple & équitable pour s'affurer l'avantage de la concurrence fur ces rivaux mercantils ; c'étoit d'exempter les Revendeurs nationaux de toute contribution quelconque : leur fubvention doit être fuperflue, puifque le revenu territorial doit fuffire pour l'Impôt ; on leur procuroit par là la facilité de fervir à meilleur marché que des concurrents dont l'induftrie étoit néceffairement foumife à des taxes : ils trouvoient donc dans leur pofition le premier & le feul titre légitime de préférence ; mais les Souverains partagèrent l'erreur & l'avidité de leurs féducteurs. On leur avoit perfuadé qu'ils créoient de nouvelles richeffes ; ils voulurent en avoir leur part. Les produits abondants que les

ment les richesses. Trompé par son apparence illusoire de ménagements, tout le monde vit disparoître l'aisance sans aller jusqu'à découvrir qu'il en étoit la principale cause.

CEPENDANT on ne trouva point

* * *

petites Nations leur paroissoient retirer de l'Imposition indirecte, les tentèrent autant que leurs salaires tentèrent leurs Sujets : ceux-ci se prêtèrent d'autant plus volontiers à tout ce qu'on voulut exiger d'eux, qu'ils étoient bien sûrs de s'en dédommager en renchérissant leurs services de toute l'Imposition qu'on compteroit en vain leur faire supporter.

CETTE Imposition indirecte une fois établie, elle est devenue le grand mobile par lequel ils ont forcé toutes les opérations des États agricoles ; elle est l'appui du monopole qui a dû nécessairement s'introduire à sa suite. Elle avoit engagé à s'abaisser au même niveau que les petites Nations mercantilles pour la concurrence, mais on ne répandit pas le même esprit d'économie : dès lors pour conserver ses voitures, ses reventes, & sur-tout le produit de l'Imposition, on fut obligé d'é-loigner ces rivaux par la force. Aussi-tôt naquit le monopole ; toutes les dégradations qu'il cause, ruinèrent le commerce par les manœu-vres des Négociants ; les Etats se livrèrent à leur discrétion, & finirent par embraser l'U-nivers pour se disputer l'avantage de les parer de leurs propres dépouilles.

dans ses produits des ressources suffi-
santes contre les crises qu'il fallut cal-
mer, & pour les entreprises brillantes
dont on voulut assurer le succès. Alors
on eut recours à un ménagement plus
funeste encore que le mal qu'on voulut pallier. Pour suppléer au vuide des
moyens pour la dépense, on imagina
de faire des emprunts pendant les guerres, de sorte qu'à un système destructeur de finance, on joignit le système
ruineux de crédit public (2). Cette

---

(2) C'EST cette méthode funeste qui pro-
curant une facilité dangereuse d'augmenter les
dépenses, a fait lever ces armées innombra-
bles que le fer & le feu ont moissonnées.
C'est elle qui favorisant les projets de l'ambition, a fait faire ces efforts prodigieux qui
ont énervé tous les Etats de l'Europe. Rien
ne pouvoit l'autoriser, & au contraire tout
devoit porter à la proscrire. La raison décou-
vroit que des emprunts coûtoient aux propriétaires, non-seulement le capital, mais encore les intérêts, & que par là on les sou-
mettoit à une dette plus forte que la dépense
dont on ne les dispensoit que parce qu'on les
jugeoit hors d'état de la payer ; que ces rentes devoient fournir des moyens de subsister
sans travail, & conséquemment dispenser une
partie des Citoyens d'être utiles ; que pour
jouir de cette commode oisiveté, on devoit

invention

invention perfide a été le fléau de l'humanité, la ruine des Etats de l'Europe,

---

y porter des fonds deſtinés à ſoutenir le commerce & l'agriculture ; que le paiement des
arrérages réuniſſant entre un petit nombre
d'agioteurs des ſommes levées ſur toutes les
Provinces, devoit changer l'ordre général des
dépenſes, les augmenter dans le ſéjour des
créanciers de l'Etat, & les diminuer dans les
lieux trop éloignés pour fournir à leur conſommation ; enfin, qu'inviter les étrangers à
venir profiter des avantages offerts aux rentiers nationaux, c'étoit ſe rendre leurs tri-
butaires, car la rétribution qu'on s'obligeoit
de leur payer ſous le titre d'intérêts, étoit
égale à un tribut annuel.

Si ces motifs de la raiſon n'euſſent pas été
écoutés, les droits de la juſtice auroient dû
être conſultés ; elle auroit fait ſentir que l'effet
d'un emprunt étoit de vendre aux prêteurs
nationaux & étrangers une partie des fonds
des Citoyens, dont l'Etat les établiſſoit copropriétaires avec lui pour l'argent qu'il en
recevoit ; on en auroit aiſément conclu que
cette conduite bleſſoit eſſentiellement le droit
des Propriétaires qu'on conſtituoit débiteurs
ſans leur aveu, & contre leur gré.

En ſe rapprochant ainſi des premiers principes du droit naturel, on ſeroit parvenu juſqu'à ceux de nos conſtitutions qui ont défendu
tout démembrement de la Monarchie ; on eût
reconnu que tout emprunt les violoit eſſentiellement, puiſque les Rois contractants reſ-
treignoient la jouiſſance de leurs ſucceſſeurs

& elle a forgé aux Souverains des chaînes qui les tiennent à préfent dans un
affujettiffement continuel.

---

qu'ils chargeoient de payer les intérêts de
leurs dettes; & qu'il n'y avoit aucune différence relativement au pouvoir entre aliéner
le tiers des Provinces d'un Etat, & aliéner
le tiers du revenu public.

L'INTÉRÊT de l'ordre, & de la tranquillité
publique devoit encore fervir de frein. Il étoit
facile de prévoir qu'on alloit divifer la fociété
en créant une claffe de Citoyens dont le bien-
être devoit fubfifter aux dépens de celui des
autres; que le prétendu foulagement des Propriétaires, ménagé par cette opération, forceroit d'aggraver continuellement leur fardeau; qu'il ne permettroit jamais de leur faire
goûter les douceurs de la paix par la diminution des charges de la guerre, & que cet
abus pourroit être porté au point de fe voir
réduit à la cruelle alternative ou de mettre au
défefpoir la partie rentiere de la Nation, en
manquant à des engagements auxquels on ne
pourroit plus faire honneur, ou d'anéantir la
claffe propriétaire en lui raviffant tout fon
revenu.

IL eft inconcevable comment on n'a été
arrêté par aucune de ces confidérations. On
n'a vu dans les emprunts que leur commodité,
& on en a cru l'ufage fuffifamment juftifié par
la détermination de recourir à l'économie
pour rembourfer pendant la paix les dettes
contractées pendant la guerre. Perfonne n'a

TEL eſt l'extrait des fautes dans l'adminiſtration des Finances de l'Europe,

---

réclamé contre l'abus ; au contraire , tout le
monde a applaudi à cette ſource factice d'aiſance. Les terres dégradées par l'Impôt indirect arrachoient des plaintes aux Propriétaires
leſquelles dégoûtoient d'en acheter. Chacun dut préférer de prêter ſon argent à l'Etat
qui offroit un traitement favorable. Les Propriétaires eux-mêmes, plutôt que d'agrandir
leurs domaines , qui tous les jours à leurs yeux
devenoient plus ingrats, ou d'employer leur argent à réparer les ravages de l'Impôt, voulurent ſe procurer une aiſance précaire pour
ſuppléer à celle qu'ils ne trouvoient plus dans
le produit de leurs fonds. Ils concoururent à
étendre l'abus ſans ſonger qu'ils devenoient
eux-mêmes les débiteurs des ſommes dont ils
ſe croyoient les créanciers, & qu'ils commenceroient par payer en Impôts ce qu'ils touche-
roient enſuite en intérêts. Dans ce délire général , tout le monde s'eſt réuni pour établir
en principe d'adminiſtration que le crédit public en étoit le principal reſſort , tandis qu'il
dérange le mouvement régulier & uniforme
de tous les autres, & que tous les ſoins doivent le conſerver intact, tandis que le plus
grand ſervice eût été de l'empêcher d'exiſter.

CHACUN a publié & publie encore par ac-
clamation ſes avantages ; mais pendant qu'on
chargeoit l'Etat par des dettes, on faiſoit détruire des richeſſes plus conſidérables que les
capitaux qu'on empruntoit par l'Impôt indirect dont il falloit augmenter les repriſes

ainſi que des fauſſes préventions qui
les ont fait commettre. Il ne peut y
avoir de contraſte plus douloureux
que celui que préſentent ces deux eſ-
quiſſes.

CE ſeroit à tort aujourd'hui que la
miſère exprimeroit ſa douleur par des
invectives (3) ; l'aveuglement & la
bonne foi juſtifient ceux qui ont tenu
cette conduite déréglée ; ils ont de

---

pour payer ſeulement les arrérages.

DE cette façon, le Royaume s'épuiſoit en
raiſon double ; ſavoir, par la dette qui reſtoit
à ſa charge, & par l'extinction des richeſſes
qui ceſſant d'exiſter, diminuoient les moyens
de ſe libérer. Ainſi plus on a différé de ren-
trer dans l'ordre naturel en rétabliſſant la dépenſe ſur le revenu, plus la miſère accrue par
chaque opération en rendoit l'entrepriſe difficile.

(3) CE ne ſont point les Traitants qui doivent être les objets de la plainte & du mur-
mure ; il étoit naturel qu'ils entraſſent dans la
route que l'erreur & la fortune leur ouvroient.
C'eſt aux grands Propriétaires ſeuls, & au
Clergé qu'il faut attribuer tous nos maux :
ſans leur injuſte réſiſtance, on n'auroit point
été obligé de recourir à toutes ces ſubtilités
qui ont dégénéré en déprédations ruineuſes
dont ils ont été bien plus les victimes que le
peuple qu'ils abandonnoient pour en être
accablés.

plus pour eux d'avoir fuivi les mêmes routes que Rhofny & Colbert (4). Ce

---

(4) Il eft bien furprenant que ces deux Grands Hommes, ces Miniftres citoyens, toujours occupés de la profpérité de l'Etat, n'aient pas fu développer le vice des Impofitions indirectes, & qu'en les confervant, ils aient, pour ainfi dire, légitimé tous leurs défordres.

Rhosny, par la force de fon génie, & & par une droiture naturelle de fentiment, approcha le plus près de la vérité. Sentant que le gain étoit un attrait fuffifant pour l'induftrie, & qu'elle ne pouvoit avoir d'autre guide que la liberté, fixa toute fon attention pour enrichir les campagnes. L'aifance & le bonheur de leurs habitants lui parurent le principal objet de fes foins, parce qu'il fut convaincu avec raifon que la gloire du Souverain & la puiffance de l'Etat ne pouvoient être que les fruits d'un territoire richement cultivé.

Mais en s'occupant à y répandre l'abondance, il ne fongea point aux moyens de l'y fixer. Ses vues, quoique très fupérieures aux lumières de fon fiècle, ne furent pas affez nettes pour réduire en principes, & pour établir en règles précifes tout ce qu'il fentoit. En ranimant & en protégeant l'Agriculture, il n'alla point jufqu'à diftinguer dans la reproduction la portion de denrées qui doit former les reprifes des Cultivateurs d'avec celle qui appartient aux Propriétaires pour le revenu ; conféquemment il ne fongea pas à faire pro-

n'eſt qu'à force de répandre des lumières, qu'on peut ſe flatter aujourd'hui de

---

noncer l'immunité ſacrée des repriſes ou des
avances de la culture, & à réunir toute l'Impoſition ſur le produit net. L'ordre & l'économie ayant, pour ainſi dire, multiplié entre
ſes mains le revenu public, il diminua les Impoſitions indirectes; ce qui l'empêcha de s'appercevoir de leurs influences deſtructives, &
de s'appliquer à les prévenir. En excellant
dans le détail de la régie de l'Impôt, Rhoſny
en ignora la nature.

Colbert, avec autant d'élévation, de
zèle & de probité, s'égara dès les premiers pas,
pour avoir voulu ſuivre une autre route que
celle de ſon prédéceſſeur. Il vit plus les richeſſes de la Nation dans ſon numéraire que
dans le revenu de ſon territoire; ainſi il s'oc-
cupa, par préférence, des moyens d'empêcher l'argent de ſortir, & de ceux de l'attirer
du dehors. Il ne calcula que les ſommes conſidérables que notre aiſance nous mettoit en
état de payer à l'induſtrie étrangère, ſans ſonger qu'elles étoient ſoldées avantageuſement
par la vente des denrées nationales, d'où il
imagina qu'il procureroit un grand avantage
à l'État, en lui épargnant ces frais; & de plus,
que ce ſeroit un grand profit, s'il pouvoit
parvenir à faire vendre ce qu'on achetoit.

Le projet fut à peine conçu que la rapidité
de l'exécution & du ſuccès approcha du pro-
dige. Les Arts & les Manufactures ſe multi-
plièrent, & ſe perfectionnèrent en naiſſant.
La Nation, dans un enchantement ſtupide &

réparer des défordres qui font portés à leur comble ; & c'étoit à la fin de no-

---

général, cria au miracle ; elle en attribua tout l'honneur à l'application & à la fagacité du Miniftre : il en méritoit bien une partie ; mais les richeffes renaiffantes rétablies par Rhofny furent le vrai reffort, quoique méconnu, de l'opération. Ebloui lui-même par la réuffite, il ne s'apperçut pas qu'il ne confidéroit le commerce qu'en Négociant ; qu'en ceffant d'acheter les fervices & le travail des étrangers, il leur ôtoit les moyens d'acheter nos productions ; que pour leur vendre ce que nous leur achetions, il faudroit acheter d'eux ce que nous leur vendions ; que fes nouveaux établiffements ne pouvoient qu'interrompre ou changer la réciprocité des échanges ; qu'il ne faifoit que métamorphofer les colons en ouvriers, & les charrues en métiers, & qu'il néceffitoit chez les étrangers une métamorphofe toute oppofée. Enfin, qu'il quittoit l'indépendance pour une fituation précaire, & la qualité de maître pour celle de gagifte. Toutes ces réflexions lui échappèrent pendant fon enthoufiafme. Malheureufement la mort l'enleva à la France dans le temps qu'il lui eût été le plus néceffaire, & lorfqu'il commençoit à ouvrir les yeux fur les parties qu'il avoit facrifiées, ou du moins négligées. Sa prévention fur le bénéfice des reventes, les profits de fabriques & les falaires de main-d'œuvre, fut pour lui un obftacle conféquent à la fuppreffion des Impôts indirects. Il les regarda comme une fource de richeffes : donc

tre siècle, MESSIEURS, qu'étoit réser-
vée la gloire d'une philosophie utile,
qui, uniquement occupée du bonheur
général, ne songe à en assurer la jouissance qu'en démêlant les véritables intérêts des membres d'une même société, ainsi que les rapports bien entendus
des Sociétés entr'elles. Il faut tenter
de dissiper tous les nuages, à la lueur
de son flambeau. Je voudrois pouvoir
en redoubler l'éclat, pour convaincre
les Souverains, & sur-tout les grands
Propriétaires, que les ménagements
accordés par les premiers, & sollicités
par les seconds, sont chimériques, en
leur démontrant que toutes les Impositions indirectes finissent par retomber
en totalité sur le produit net des biens-
fonds.

POUR mettre cette vérité dans tout
son jour, il faut commencer par faire
connoître l'état de la culture d'un
Royaume qui ne seroit soumis qu'à un

---

ils durent être à ses yeux des objets susceptibles de contribution : il n'auroit pu se dispenser de les y soumettre, s'il les en avoit
trouvés affranchis ; ainsi cette faute de sa part
fut un acte de justice.

feul Impôt direct & territorial, la diftribution naturelle de fes richeffes renaiffantes, & l'ordre de leur reproduction. Cette analyfe comprend l'ordre moral des Sociétés, & l'ordre phyfique de l'Univers : on y reconnoîtra
fans peine que la profpérité des premières ne peut être que le fruit de
l'accord & de la conformité de leur
conduite aux loix invariables du fecond. En développant la chaîne du
cercle de la circulation favorable qui
doit exifter & procurer le bien général, on peut faifir tous les rapports
néceffaires des différentes claffes de
Citoyens, & les fixer avec une précifion géométrique. C'eft le calcul de
cette harmonie naturelle qui fervira
à démontrer clairement que l'Impôt
indirect, pour n'être pas payé immédiatement par les Propriétaires, n'en
retombe pas moins tout entier à leurs
charges, ainfi que l'Impôt direct ; on
fe convaincra aifément que la même
fource dans laquelle on puife celui-
ci, fournit tout ce qu'on recueille par
les canaux de celui-là, quelque multipliés qu'ils foient.

ON fuppofe que l'étendue du terri-

toire du Royaume qu'on choifit pour
exemple, foit affez confidérable pour
que fon exploitation en grande culture
puiffe employer huit milliards d'avances primitives, & deux milliards d'avances annuelles; en établiffant que fon
Adminiftration foit affez éclairée pour
fentir combien il lui eft avantageux
de ne diriger aucunes opérations de
fa culture, de fon commerce & de fon
induftrie, & de borner la protection
de l'autorité à garantir à chacun la
fûreté de fes propriétés foncières &
mobiliaires, ainfi qu'à faire jouir tout
le monde, fur ces objets, d'une liberté
indéfinie. Dans cette pofition tran-
quille & fortunée, il eft inconteftable
que la maffe de la reproduction générale doit être en raifon de deux
cents cinquante pour cent de fes avances annuelles. Venant de les fuppofer
de deux milliards, il en réfulte qu'elle
doit être de cinq milliards. Telle
fera la quotité de fes richeffes renaiffantes, tant en objets de confommation, qu'en matières premières pour
les autres befoins & commodités de
la vie.

Si l'on confulte la nature pour l'or-

ûre de la diftribution qu'elle en indi-
que, il eft certain qu'elle impofe pour
première loi de commencer par laiffer prélever aux Cultivateurs des reprifes égales à la fomme de leurs avances annuelles. Elles ne font autre chofe
que le montant des frais de culture
qu'il a fallu avancer pour obtenir cette
reproduction ; ainfi il eft indifpenfable
de leur reftituer les moyens de répéter
les mêmes dépenfes & les mêmes travaux, fans quoi il faudroit renoncer à
la reproduction future que la nature
n'accordera fûrement qu'au même prix
que la précédente.

CETTE portion doit même être
trouvée infuffifante, lorfqu'on réfléchit que les avances primitives font
fujettes à un dépériffement continuel
qu'il faut réparer fans ceffe ; elles comprennent le mobilier des fermiers,
leurs inftruments aratoires, des beftiaux nombreux, & des attelages vigoureux. La dégradation des uns, né-
ceffitée par l'ufage, & les mortalités
des autres, caufées par divers accidents, exigent des facultés toujours
prêtes pour fubvenir à ces dépenfes
répétées. De plus, l'intempérie des

faiſons, & les fléaux du ciel, qui font évanouir quelquefois les eſpérances de la récolte la plus abondante, pourroient mettre les fermiers non-ſeulement hors d'état de payer le prix des baux ; mais encore ils les priveroient des repriſes qui doivent renouveller les avances annuelles, s'ils n'avoient en réſerve des fonds deſtinés à ſuppléer à ces revers de la fortune.

C'EST pour les mettre en état de faire face à ces divers évènements, pour leur aſſurer une exiſtence ſolide, & aux Propriétaires un paiement exaċt de leur revenu, qu'après avoir étudié les premières dépenſes de réparations des avances primitives, & avoir ramené à un terme moyen les différentes criſes de la nature, que tous les Philoſophes économiſtes adjugent unanimement, & avec raiſon aux fermiers, en ſus des repriſes de leurs avances annuelles, un intérêt à dix pour cent de ces mêmes avances annuelles, & des primitives. Comme leur ſomme réunie forme ici celle de dix milliards, c'eſt un milliard qu'il faut ajouter aux deux précédents ; ce qui fixe les repriſes complettes de la culture d'un tel

Royaume à trois milliards ou aux trois cinquièmes de la reproduction totale.

IL est impossible de se flatter d'en rien souftraire : tout est ici, pour ainsi dire, sous la main de la nature ; elle n'ouvrira son sein qu'à condition qu'on ne retranchera rien de la portion qu'elle exige, & elle le refermera aussi-tôt, en raison de ce qu'on osera lui en dérober.

MAIS en réservant les trois cinquièmes à la classe des cultivateurs, ou productive, elle abandonne l'excédent à celle des Propriétaires. Ces deux cinquièmes forment le produit net de la culture, & est la seule portion disponible, parce qu'elle n'intéresse en rien la reproduction. Elle forme le revenu général de la Nation ; lequel se partage entre le Souverain, dont la part doit être prélevée par un Impôt direct, les décimateurs & les possesseurs des terres, lesquels forment ensemble la classe des Propriétaires. La proportion fixe qui doit être établie invariablement dans ce partage, est un moyen infaillible de la rendre la plus avantageuse possible pour chacun des trois copropriétaires.

On a adopté ici celle d'un septième
pour les décimateurs, lequel fur deux
milliards leur attribue pour la dîme,

. . . . 285,714,285.

Celle des deux fep-
tièmes pour le Souve-
rain, dont l'Impôt lui
produira, ...　571,428,575.
Celle des quatre fep-
tièmes pour les Pro-
priétaires, dont le re-
venu fera, ...　1,142,857,140.
____

Tot. deux milliards, ci　2,000,000,000.
____

Dans cette diſtribution des deux
milliards du produit net de tout le territoire, chaque copropriétaire trouveroit un degré d'aifance confidérable ; le Souverain, fur-tout, jouiroit
de toutes les facultés néceſſaires pour
la fplendeur du trône, pour tous les
frais de l'Adminiſtration intérieure,
& pour foutenir une puiſſance formi-
dable. Il n'auroit jamais befoin de fe
laiſſer abufer au point de faire fervir la
puiſſance confervatrice à ufurper les
autres propriétés. Tous les Propriétaires des terres connoiſſant les parts

fixes & diftinctes de leurs copartageants, ne fe regarderoient pas léfés,
en les leur laiffant parvenir; ils s'em-
prefferoient, au contraire, de remettre eux-mêmes celle du Souverain pour
prévenir la diminution qu'y apporte-
roient les frais de la perception, &
pour contribuer par là à conferver
toute l'étendue de fa puiffance que fon
intérêt bien entendu forceroit à n'être
que bienfaifante.

C'EST entre les deux claffes des
Cultivateurs & des Propriétaires, que
commence donc à fe diftribuer toute
la reproduction, comme étant les
feuls auxquels appartiennent, à jufte
titre, toutes les richeffes renaiffantes.
Cependant la Société réduite à elles
feules feroit incomplette. La néceffité
des Manufactures pour donner la forme aux matières premières ; celle d'é-
changer par le canal des revendeurs
l'excédent d'une qualité de reproduction accordée à un territoire contre
celles qui lui font refufées ; celle des
Voituriers pour le tranfport des échanges ; enfin toutes les commodités &
tous les agréments de la vie exigent une
troifième claffe de Citoyens , pour être

employée à rendre ces différents fervices.

CELLE-CI n'ayant aucun droit
primitif au partage gratuit des richeffse
renaiffantes ; fes travaux n'ajoutant
rien à la maffe de la reproduction, &
ne pouvant rien créer pour la confommation de fes agents, elle ne peut exifter que fur les parts de la reproduction
que chacune des deux premières claffes
confent de lui céder. Elle les reçoit à
titre de bénéfice & de falaires pour les
travaux qu'elle exécute pour elles.
Cette rétribution fait partie de la dépenfe des claffes productive & propriétaire, à laquelle la claffe de l'induftrie doit toute fon exiftence.

POUR que la claffe mercenaire puiffe
conftamment recevoir beaucoup, il eft
évident qu'il faut que les deux claffes
payantes foient toujours en état de lui
donner beaucoup. Ainfi fon intérêt général eft qu'elles foient fort riches ; cependant l'intérêt particulier de chacun
de fes agents tend à diminuer fon opulence. En effet, un grand partage de falaires modérés pourroit entretenir un
grand nombre d'agents, & foudoyer une
grande maffe de travail qui régénére-

fixes & diftinctes de leurs copartageants, ne fe regarderoient pas léfés,
en les leur laiffant parvenir ; ils s'em-
prefferoient, au contraire, de remettre eux-mêmes celle du Souverain pour
prévenir la diminution qu'y apporte-
roient les frais de la perception, &
pour contribuer par là à conferver
toute l'étendue de fa puiffance que fon
intérêt bien entendu forceroit à n'être
que bienfaifante.

C'EST entre les deux claffes des
Cultivateurs & des Propriétaires, que
commence donc à fe diftribuer toute
la reproduction, comme étant les
feuls auxquels appartiennent, à jufte
titre, toutes les richeffes renaiffantes.
Cependant la Société réduite à elles
feules feroit incomplette. La néceffité
des Manufactures pour donner la forme aux matières premières ; celle d'é-
changer par le canal des revendeurs
l'excédent d'une qualité de reproduction accordée à un territoire contre
celles qui lui font refufées ; celle des
Voituriers pour le tranfport des échanges ; enfin toutes les commodités &
tous les agréments de la vie exigent une
troifième claffe de Citoyens , pour être

employée à rendre ces différents services.

CELLE-CI n'ayant aucun droit
primitif au partage gratuit des richeſſe
renaiſſantes ; ſes travaux n'ajoutant
rien à la maſſe de la reproduction, &
ne pouvant rien créer pour la conſommation de ſes agents, elle ne peut exiſter que ſur les parts de la reproduction
que chacune des deux premières claſſes
conſent de lui céder. Elle les reçoit à
titre de bénéfice & de ſalaires pour les
travaux qu'elle exécute pour elles.
Cette rétribution fait partie de la dépenſe des claſſes productive & propriétaire, à laquelle la claſſe de l'induſtrie doit toute ſon exiſtence.

POUR que la claſſe mercenaire puiſſe
conſtamment recevoir beaucoup, il eſt
évident qu'il faut que les deux claſſes
payantes ſoient toujours en état de lui
donner beaucoup. Ainſi ſon intérêt général eſt qu'elles ſoient fort riches ; cependant l'intérêt particulier de chacun
de ſes agents tend à diminuer ſon opulence. En effet, un grand partage de ſalaires modérés pourroit entretenir un
grand nombre d'agents, & ſoudoyer une
grande maſſe de travail qui régénére-

roit une grande reproduction : de même, de foibles bénéfices de revente rendroient les ventes de la première main plus fructueufes ; elles feroient refluer une plus grande quantité de richeffes dans les campagnes qui, confiées au fein de la terre, y accroîtroient les objets de confommation, & conféquemment rendroient plus féconde la fource de fa fubfiftance. Bien loin de fe conduire fuivant ce point de vue, il n'eft pas un Négociant qui ne defire d'obtenir de gros bénéfices en achetant à très bas prix du Fermier, & en revendant très cher au confommateur, fans fonger que tout ce qu'il arrache au dernier, & dont il prive injuftement le premier, ne peut fe reproduire en reftant dans fes mains, & que la reproduction fuivante fe trouvant diminuée en raifon de cette fpoliation, il diminue la fomme de la rétribution que les deux claffes payantes pourront accorder déformais à l'induftrie.

I L eft ordinaire que chaque Fabriquant vife en particulier à foutenir au prix le plus fructueux pour lui les productions de fa manufacture ; cependant un revenu borné ne peut fournir que des moyens bornés de dépenſe: ainſi, s'il réuſſit à arracher un dixième de trop en bénéfice, il eſt ſûr qu'on ſera obligé de diminuer les achats d'un dixième : donc il reſſerre cette branche d'induſtrie de cette quotité, la culture de ſes matières premières, & leur produit net dans la même raiſon.

ENFIN le moindre ouvrier, tant de l'agriculture, que des autres profeſſions, fait tous ſes efforts pour contraindre de lui accorder de très gros ſalaires ; mais tout ce qu'il réuſſit à obtenir de trop, eſt enlevé à ſes ſemblables ; il les empêche de contribuer avec lui à étendre les travaux, autant qu'ils pourroient l'être : leur tentative a donc pour but de reſtreindre la reproduction & la conſommation, ce qui produit le même effet, & conſéquemment tend à affoiblir la ſource de leurs ſalaires.

TOUS ces effets deſtructeurs ſont les triſtes fruits du monopole que l'erreur de tous les Gouvernements ſemble avoir conſacré depuis un ſiècle dans tous les Etats de l'Europe. Les yeux ſeulement fixés ſur les ſalaires &

bénéfices de la claſſe ſtérile, ils ont perdu de vue les vraies richeſſes qui les payoient. Ils ont employé la force & l'autorité pour les anéantir, en ſecondant toutes les prétentions deſtructives qu'on vient d'expoſer.

POUR concilier cette oppoſition continuelle de l'intérêt général & de l'intérêt particulier, une concurrence libre & indéfinie eſt le ſeul moyen commode & infaillible que les Gouvernements doivent adopter. Elle ne manquera jamais de fixer tous les prix, les bénéfices & les ſalaires à leur taux le plus avantageux poſſible pour le général, ſans le rendre jamais onereux au particulier.

IL eſt juſte qu'un Fabriquant trouve dans le prix de la vente de ſes ouvrages les avances qu'il a faites, tant en matières premières, qu'en ſolde de ſes ouvriers, les frais d'entretien des bâtiments de ſon attelier, & de plus un bénéfice pour ſes peines ; lequel ſe calculant par un intérêt pour ſa première miſe en bâtiments, matières premières, & ſalaires de main-d'œuvre, lui fournit, & à ſa famille, les moyens d'une dépenſe proportionnée à ſon état

& à sa fortune. On ne peut rien lui accorder de moins, & la concurrence l'empêchera d'obtenir davantage. Nul Négociant ne peut consentir à ne pas retirer dans le prix de ses reventes, celui de ses achats, & une rétribution pour ses peines & ses risques, laquelle étant proportionnée à l'étendue de ses entreprises, lui procure le degré d'aisance convenable à sa situation. Dans ce cas, la concurrence ne lui fera aucun tort ; elle lui servira seulement de frein pour l'empêcher d'accumuler une fortune pécuniaire aux dépens de l'aisance générale.

ENFIN, tout salaire de main-d'œuvre doit fournir à l'entretien d'un ouvrier & de sa famille ; & il n'en est aucun qui vende son travail à meilleur marché ; mais cet entretien devant être resserré dans les bornes d'une aisance honnête, suivant ses talents, la concurrence conservera les salaires à ce niveau ; mais elle s'opposera à ce qu'il puisse être élevé.

C'EST sous les auspices de cette concurrence bienfaisante, qu'on doit considérer la classe mercenaire du Royaume proposé ici pour exemple.

Sa rétribution étant bornée aux reprifes de fes avances en matières premières, &c. & en fubfiftances de fes agents,
elle n'offre rien de plus difponible que
la réferve de la claffe cultivatrice :
quoiqu'elle ne foit qu'une émanation
des richeffes des deux autres claffes,
elle n'en eft pas moins fixe & fufceptible de calcul.

A confidérer l'ordre raifonnable de
la dépenfe du revenu dans l'état de
profpérité, il paroît naturel que l'a-
chat des denrées en abforbe la moitié,
& que l'autre moitié foit prodiguée en
gages de domeftiques, loyers de maifons, vêtements, équipages, emmeu-
blements, &c. ce qui fixeroit ici la cef-
fion faite à la claffe ftérile par la claffe
propriétaire compofée du Souverain,
des Miniftres des Autels, & des poffeffeurs des terres, à un milliard, moitié des deux deftinés à fa dépenfe, &
qui font le produit net.

La claffe productive plus fimple
dans fon vêtement & fon mobilier, &
affez heureufe pour ne point fentir les
befoins du fafte, ne peut être cenfée
céder à l'induftrie plus du tiers de fa
reprife. En préférant d'en confommer

les deux tiers en nature, elle nourrit
une plus grande population, & par
conféquent elle foutient un plus grand
travail reproductif. Mais ces reprifes
étant de trois milliards ; c'eft encore un
milliard qu'elle verfe fur la claffe mercenaire.

C'EST ainfi que fe diftribueroient
naturellement chaque année les richeffes renaiffantes d'un Royaume
agricole dans fon état de profpérité,
s'il étoit affez heureux pour que l'Adminiftration fentît combien il lui feroit avantageux de ne s'en point occuper.

L'ORDRE invariable de cette diftribution eft le gage d'une reproduction
toujours égale & conftante. Les cultivateurs affurés d'en avoir toujours
les trois cinquièmes en leur difpofition,
renouvellent chaque année leurs avances & leurs intérêts. Par celles-là, ils
peuvent toujours faire des frais égaux
pour les travaux de la culture ; par
ceux-ci, ils peuvent toujours réparer
les dégradations de leurs avances primitives, & conféquemment avoir leur
attelier dans un très bon état : l'in-
conftance des faifons ne peut leur être

funefte, ni préjudiciable à l'exploitation : la fomme des intérêts eft combinée de manière que le refte de leur
dépenfe en réparations les met en état
de fupporter les différents accidents,
fans intéreffer la reproduction ; de continuer le paiement du revenu, & de
fournir la fubfiftance de la claffe mercenaire.

Si chaque terrein produifoit également toutes les différentes denrées &
matières premières, la diftribution s'en
feroit bien facilement par des échanges immédiats. La claffe productive
ayant donné à la claffe propriétaire
les deux cinquièmes de toutes les productions ; celle-ci en confommeroit la
moitié en nature, & elle donneroit
l'autre à la claffe de l'induftrie, en
échange de fes ouvrages. Cet échange
fe feroit au pair bien exactement, car
on remplaceroit la quotité des matières premières que les ouvrages con-
tiennent, & celle des denrées que les
ouvriers auroient confommées en les
fabriquant. La claffe cultivatrice ayant
gardé en fa poffeffion les trois cinquièmes du produit total, en confommeroit deux en nature pour nourrir

tous ceux qui coopèrent aux travaux de la culture, & préparent la reproduction suivante; & elle donneroit, ainsi que la classe propriétaire, un cinquième de la reproduction à l'industrie pour ses outils, la réparation de ses instruments, & les autres besoins en vêtements, &c.

La classe stérile recueilleroit ainsi par la dépense les deux cinquièmes de la reproduction; elle seroit donc aussi bien partagée que la classe propriétaire. (5) Chaque Fabriquant, après avoir

----

(5) On voit que tout ce qui se réuniroit à la classe de l'industrie, y arriveroit par le canal de la dépense, & qu'elle n'a aucune source de reproduction. Elle ne se trouveroit posséder le quart des denrées, & toutes les matières premières, que par le versement que lui en feroient ceux auxquels ils appartiendroient, lesquels en seroient dépouillés au moment que ces objets seroient en sa possession. Il y auroit donc double emploi à calculer en même temps les reprises des Cultivateurs, le revenu des Propriétaires, & la valeur des ouvrages de la classe stérile; car celle-ci ne commence à exister qu'au moment que celle de ces deux cinquièmes est anéantie, ou, pour s'exprimer avec plus de précision, les productions de l'industrie représentant les matières premières sous une autre forme, & la portion de den-

prélevé

prélevé fa matière première, confommeroit la moitié de fa reprife en nature, & donneroit l'autre pour la dépenfe de fon logement & de fon entretien à ceux qui lui en fourniroient les objets. Ceux-ci partageroient la dépenfe de cette recette dans la même proportion ; les ouvriers fuivroient la même méthode ; & toutes ces ceffions fubdivifées fe feroient de l'un à l'autre, jufqu'à ce que chacun eût reçu la portion deftinée à fa confommation & à fon entretien.

Tous ces verfements entre ces trois différentes claffes , & entre les membres de chacune d'elles, formeroient tout le jeu de la circulation, qui feroit affez fimple : ce petit nombre d'échanges immédiats procureroit la plus grande aifance générale poffible ; elle doit diminuer en raifon qu'on

rées confommées par les ouvriers qui les ont travaillées, quand on en compte la valeur, il ne faut pas compter une feconde fois ces objets qui en font la mefure, puifque ceux-ci ceffant d'être au moment que celles-là commencent à exifter , fes travaux font emploi de matières & confommation de denrées, mais non création de richeffes.

C

s'éloigne de cet état de simplicité qui n'eſt point, à la vérité, celui de la nature. Mais ſi l'Etre ſuprême, par des vues d'une ſageſſe ſublime & toujours bienfaiſante, a ſemblé s'oppoſer à cette jouiſſance exempte de tous faux frais, notre ignorance l'en a bien plus ſurchargée que les diſpoſitions de l'ordre phyſique. Chaque climat étant favoriſé privativement d'une production particulière, & ne pouvant naturaliſer celles qui lui ont été refuſées, cet arrangement néceſſite une communication continuelle entre toutes les Nations, pour échanger entr'elles leurs denrées privilégiées ; chacune cède ce qu'elle en recueille de trop pour ſa conſommation, pour obtenir l'excédent de celle des autres. Telles ſont l'origine & la marche du commerce. Mais cette uniformité cantonnée de productions, en mettant tous les hommes dans une communication réciproque, empêche que chacun puiſſe ſatisfaire ſes beſoins par un échange ſimple & rapproché, ainſi qu'on l'a ſuppoſé. Cependant cette complication des échanges, quoiqu'indiſpenſables, les rendroit impoſſibles, fi l'on n'avoit trouvé un moyen fa-cile pour engager les Fermiers & les Propriétaires à fe défaire de l'excédent de leurs denrées par une garantie sûre & invariable de livrer à leur volonté les objets contre lefquels ils veulent qu'elles foient échangées.

Ce font les efpèces numéraires qui font cette garantie commode & d'au-tant plus affurée, qu'elles réuniffent le double avantage de repréfenter & de valoir en même temps les chofes dont elles font les gages de la livraifon.

En confidérant les monnoies comme gages intermédiaires des échanges des richeffes, il eft facile de rapporter à des points fixes tout le jeu de leur cir-culation ; malgré les cafcades multi-pliées qu'on leur fait faire entre cha-que intervalle des points cardinaux de leur cercle, ils y parviennent tou-jours rapidement fous une adminiftra-tion fage. Ce dernier éclairciffement complette l'intelligence de la diftribu-tion des richeffes renaiffantes , telle qu'elle doit être faite dans le Royau-me propofé pour exemple. Il prou-vera que, quoiqu'opérée par l'office de ces gages, elle doit fuivre le même

ordre que celui qu'on vient de décri-
re, & qui eft néceffaire pour leur reproduction.

Au lieu de livrer en nature aux Propriétaires, après les récoltes, les deux
cinquièmes de la reproduction com-
pofés de deux milliards de mefures
différentes valant une livre chacune ;
ils leur donnent deux milliards en efpèces, lefquels font la fomme néceffaire pour les acheter. Ces efpèces,
en fortant des mains des Fermiers,
font autant de foumiffions de leur
part de livrer aux Propriétaires ou à
leur ordre cette même quotité de reproductions, qui eft le produit net,
ou le revenu dont la valeur eft exprimée par cette fomme pécuniaire qui
forme le montant des prix de tous les
baux.

C'EST à ce moment que toute cette
maffe de numéraire eft remife à la
claffe propriétaire, qu'on peut fixer
l'époque du renouvellement de la circulation ; c'eft d'elle qu'elle reçoit la
première impulfion ; elle doit conferver le même degré de mouvement en
paffant par les deux autres claffes, jufqu'à ce qu'elle revienne à la premiè-

té, au même temps de l'année fui-vante. Le Souverain, les Décimateurs & les Poffeffeurs des terres, fuivant la proportion qu'on a attribuée à chacun d'eux dans ces deux milliards, doivent en confommer la moitié en denrées, & dépenfer l'autre à la claffe de l'induftrie. Pour cela ils rendent aux Fermiers un milliard de leurs foumiffions, qui les reçoivent à titre d'acquit, en livrant ce qu'ils s'étoient obligés de leur fournir. Ils cèdent l'autre milliard de foumiffions à la claffe mercenaire ; il devient entre fes mains une fomme de mandements qui lui garantit la livraifon du cinquième de la reproduction que la claffe propriétaire lui donne auffi réellement, que fi elle le lui diftribuoit elle-même en nature : on peut donc déja regarder les deux milliards qui fuffiroient pour tout numéraire, comme étant diftribués par moitié à la claffe productive & à la claffe mercenaire. La claffe propriétaire fournie de tous fes befoins, ne pourroit plus les employer, & n'y a plus aucun droit.

CES deux claffes continuent à foutenir la circulation entr'elles : pour la

fuivre féparément, on regarde que la
claffe productive doit reverfer fon milliard de foumiffions à la claffe de l'induftrie pour en recevoir le refte des
ouvrages qu'elle a travaillés pour fon
entretien, & les inftruments de fon
exploitation.

VOILA donc la claffe ftérile maî-
treffe de tout le numéraire ; mais ce
n'eft pas pour le garder ; car avec tout
l'or & l'argent de l'Etat, elle feroit
fans travail & fans pain : elle doit le
rendre auffi-tôt, & le rendre tout entier à la claffe productive qui pour acquitter le million de mandements de la
claffe propriétaire, & le million de
foumiffions qu'elle vient de lui donner, lui livre toutes les matières premières qui doivent remplacer fes avances, & les denrées qu'elle doit confommer en les travaillant. Ce reverfement
eft le troifième & dernier point cardinal de la circulation ; il remet tout
le numéraire entre les mains des Fermiers ; ils le gardent pour le rendre
de nouveau aux trois copropriétaires.
Après la nouvelle récolte, il fervira à
en faire la même diftribution en par-
courant le même cercle de circulation.

On n'eſt point entré dans les détails de tous les reflets infinis que les eſpèces font entre les membres des différentes claſſes avant d'en ſortir. Il eſt facile d'imaginer que chacun ſe les donne, & les reprend, ſuivant les ſervices réciproques qu'il ſe rend, & finit en dernière analyſe à donner la moitié de ce qu'il en reçoit pour ſa nourriture, & l'autre moitié pour ſon logement & ſon entretien.

C'eſt le complément de ces reflets multipliés, qui aſſure le paiement du revenu, & qui prépare une reproduction future égale à la précédente.

Dans cet ordre de culture, de reproduction & de diſtribution, il eſt aiſé de reconnoître la marche ſimple & uniforme de la nature ; tout ſe dépenſe & ſe régénère d'un pas égal. L'Impôt ne trouble point l'harmonie générale ; le Souverain, comme copropriétaire, loin d'y porter la moindre atteinte, a un intérêt preſſant de la maintenir, & de veiller pour que perſonne ne la dérange. En conſervant toujours la même proportion dans le partage, il ſent la néceſſité de ne ſe prêter à aucune

opération qui puiffe diminuer fa part.
Elle ne doit jamais être un fujet de
regrets, puifqu'elle ne peut être confidérable que comme le prix d'une
grande profpérité.

EN n'attaquant jamais les avances,
l'Impôt ne peut rallentir l'activité des
Colons, ni diminuer les frais de l'exploitation ; la claffe mercenaire peut
perfectionner les arts, & multiplier fes
travaux avec fécurité. Elle ne peut
craindre qu'il retranche rien de fes falaires qui feront toujours maintenus à
leur vrai niveau par la liberté. Il eft
vrai qu'il enlève les deux feptièmes
du produit net, & que les poffeffeurs
des terres étant dans la fauffe prévention qu'il leur appartient tout entier,
peuvent regarder cette diftraction en
faveur du Souverain, comme leur
étant trop onereufe.

JALOUX fans doute des profits pécuniaires des Négociants que de fauffes opérations rendent à tort trop confidérables, ou ne connoiffant point
l'importance des reprifes des Cultivateurs, ils peuvent defirer de voir diminuer leur fardeau, & fe croire fou-
lagés, fi l'on en diftribuoit une partie

fur la claffe productive & fur celle de l'induftrie.

EN adoptant cette nouvelle répartition, il eft aifé de leur démontrer qu'ils n'y gagneroient pas le moindre foulagement, & qu'ils feroient forcés de reftituer aux deux claffes grevées tout ce qu'on tenteroit en vain de leur faire payer à la décharge du produit net.

SUPPOSONS qu'au lieu de prendre directement fur eux les cinq cents foixante-onze millions ci-deffus, on n'en exige que trois cents foixante-onze, & que l'on charge les claffes de la culture & de l'induftrie chacune de cent millions en taxes perfonnelles.

ON vient de voir que la claffe mercenaire ne fubfifte que fur la dépenfe des deux autres. On a infifté furtout pour faire fentir que l'intérêt général exigeoit qu'une concurrence indéfinie reftreignît fes reprifes au remplacement de fes avances, & à la fubfiftance de fes agents ; deux objets pour chacun defquels elle reçoit ici un milliard. Or, pour payer les cent millions dont on la chargeroit, il n'y a point pour elle de milieu dans l'al-

C v

ternative, ou de les prendre, moitié
fur fes avances en matières premières,
& moitié fur les frais de fa main d'œuvre en diminuant fes travaux, ou bien,
en les continuant, de renchérir toutes
fes productions des cent millions exi-
gés.

Le réfultat de ces deux extrémités
feroit de vendre deux milliards ce qui
ne vaudroit réellement que dix-neuf
cents millions, ou deux milliards cent
millions, ce qu'elle donnoit auparavant pour deux milliards. Il eft clair
que ces deux partis lui feroient reftituer toute la fomme de l'Impofition,
dont les Propriétaires commenceroient
par lui rendre immédiatement cinquante millions, ou en recevant moins
ou en donnant plus pour la moitié de
fes ouvrages qu'ils lui prendroient à
l'ordinaire, ce feroit en diminution du
produit net qu'ils rendroient l'autre
moitié avec les cent millions qu'on fe
flatteroit à tort de faire payer à la
claffe productive.

On a démontré que fes reprifes ne
laiffent rien de difponible ; que les
trois milliards qui les compofent, ont
une deftination fixe, dont on ne peut

rien divertir fans diminuer la reproduction future. Cependant les nouvelles Impofitions leveroient fur elle
cent cinquante millions, au lieu de
cent, auxquels on auroit cru feulement
l'affujettir : car outre les cent millions
de fa taxe particulière, elle ne pourroit fe difpenfer de tenir compte à
l'induftrie, ainfi que la claffe propriétaire, des cinquante millions dont fes
ouvrages feroient renchéris, & dont
elle confomme la moitié comme elle.

DANS le cas d'un renchériffement
fimple des productions de la claffe mercenaire, elle lui payeroit cinquante
millions de plus, lefquels joints aux
cent millions ci-deffus, fixeroient l'accroiffement de fa dépenfe à cent cinquante millions. Elle feroit donc né-
ceffitée d'accroître fes avances annuelles de cette fomme ; mais il n'y a que
les deux milliards du produit net fur
lefquels elle puiffe étendre fes reprifes :
ce feroit donc fur lui qu'elle préleve-
roit ces cent cinquante millions, en
déduction du prix des baux. Ainfi, fi
on ajoute cette diminution du revenu
aux cinquante millions du furcroît de
fa dépenfe ; on reconnoîtra avec évi-

dence que les deux cents millions d'Impofitions repartis fur les claffes productive & mercenaire pour le foulagement illufoire des Propriétaires, retomberoient exactement fur eux, dans
le cas qui leur feroit même le plus favorable.

CE feroit bien autre chofe, fi les
Propriétaires avoient, & faifoient valoir le droit d'empêcher les Fermiers
d'accroître leurs avances de ces cent
cinquante millions aux dépens du produit net ; cette fomme ne feroit pas
moins enlevée par l'Impôt aux travaux de la reproduction, dont ils faifoient les frais : il s'enfuivroit que les
avances annuelles de la culture confervées fictivement à deux milliards,
ne feroient réellement que de dix-huit
cents cinquante millions.

LA reproduction ne pourroit plus être
que de deux cents cinquante pour cent
de ce refte (6) ; conféquemment elle

____

(6) QUAND on prend le rapport des avances annuelles avec la reproduction dans la raifon de deux à cinq, on ne prétend pas établir un principe général, qui par-tout foit dans
une précifion géométrique. On a faifi la pro-

ne feroit plus que de quatre milliards, fix cents vingt-cinq millions, au lieu

---

portion la plus commune des pays de grande & riche culture. Ne pouvant prendre qu'une bafe unique, on a choifi avec d'autant plus de raifon celle-ci, qu'elle exifte réellement dans plufieurs endroits pour lefquels leur pofition heureufe a fuppléé à la déprédation, & que l'on fuppofe ici la culture dans l'état de profpérité, & avant toute dégradation.

PEUT-ÉTRE objectera-t-on encore que les effets de la dégradation peuvent ne pas être dans une proportion égale & fucceffive ; que les premières atteintes de l'Impôt indirect ne cauferont pas un préjudice auffi confidérable qu'on le fuppofe, & que les ravages ne s'accroiffent que progreffivement? On ne nie point que cette obfervation ne puiffe être fondée. On l'a fi bien fenti, que dans la feconde Partie on ne calcule point la dégradation par les avances annuelles, mais feulement par les primitives ; ce qui donne un réfultat de dépériffement moins accéléré, & plus conforme à l'expérience. Si on a adopté cette forme de calcul différente de celle qu'on regarde la plus vraie ; c'eft que celle-ci demandoit plus de développements, & qu'ils auroient trop dé rangé l'ordre des idées auquel la fimplicité du premier fe trouve plus favorable. D'ailleurs, cette remarque ne donneroit pas grand avantage aux adverfaires de la fcience, & fur-tout à ceux de l'Impôt indirect ; car, forcés toujours de reconnoître que tout ce qui diminue

de cinq milliards qu'elle donnoit auparavant.

Les reprifes de la culture continuant d'être à raifon des trois cinquièmes du produit total, préleveroient deux milliards fept cents foixante-quinze millions; de plus, il lui appartiendroit encore les cent cinquante millions de l'Impôt, de forte qu'elles feroient au total de deux milliards neuf cents vingt-cinq millions; mais cette fomme fouftraite de la reproduction totale réduite à quatre milliards fix cents vingt-cinq millions, ne laifferoit au produit net que dix-fept cents millions, au lieu de deux milliards. Le vuide de trois cents millions feroit précifément le double de celui que les Propriétaires auroient tâché de prévenir; mais le dommage ici ne fe borneroit pas à coûter le double de l'Impôt. Cet

---

les reprifes de la culture, diminue la reproduction dans une raifon beaucoup plus forte que la portion des avances ufurpées par les Impofitions indirectes, ils ne fe mettroient pas moins dans l'obligation de convenir qu'elles font deftructives; ainfi l'envie de diminuer leur déprédation ne réuffiroit qu'à leur en découvrir la réalité.

anéantissement de cent cinquante millions des travaux d'exploitation, laifferoit fans emploi & fans reffource
tous ceux qu'ils faifoient fubfifter. Ils
n'auroient que la mendicité pour en
obtenir les moyens ; & les Propriétaires étant les feuls qui pourroient les
leur procurer, il leur en coûteroit encore cent cinquante millions qu'ils ref-
titueroient en aumônes, pour avoir
refufé de les payer en Impôts ; de
forte que celui qui feroit mis fur la
claffe productive, retomberoit au triple fur les Propriétaires, s'ils refu-
foient de l'en indemnifer auffi-tôt.

CES rapports approfondis des dé-
pendances établies par la nature entre
les trois différentes claffes qui forment
toutes les Sociétés, prouvent évidemment que cette nature d'Impofition finit toujours par fe réunir toute entière fur les Propriétaires ; que le moindre poids avec lequel il puiffe y retomber, eft lorfqu'ils fe déterminent à en
indemnifer exactement les deux claffes
fur lefquelles on a l'imprudence d'en
répartir une partie ; car, pour peu
qu'ils effaient d'en retenir la moindre
portion, ils paient au triple ce qu'ils

refufent fur-tout de rendre à la claffe
cultivatrice.

Il eft vrai qu'on n'a confidéré ici
que les taxes perfonnelles ; peut-être
pour ménager l'illufion, on pourroit
fe flatter qu'en variant l'Impôt fous
d'autres formes, il n'auroit pas les mêmes influences de reflet indifpenfable
fur les Propriétaires. Pour ne pas
laiffer fubfifter ce dernier retranchement de l'erreur , dont la cupidité
pourroit fe prévaloir, il eft effentiel
de convaincre que tout Impôt qui n'eft
pas levé immédiatement fur le produit
net, eft Impôt indirect ; & que tout
Impôt indirect doit produire les mêmes effets relativement aux Propriétaires.

Ce qui caractérife particulièrement
l'Impôt direct, c'eft qu'étant prélevé
immédiatement fur le revenu dont il
établit le Souverain copropriétaire, il
offre une bafe fixe de partage proportionnel, fans rien changer à la diftribution des richeffes renaiffantes, &
fur-tout, fans intéreffer les reprifes néceffaires des deux autres claffes de la
Société, dont les avances confervées
au même taux, affurent la même re-

production & la même jouiſſance. Or nul autre Impôt ne peut lui être aſſimilé ; il n'y en a aucun qui parte de quelque rapport avec le revenu territorial ; tous ſe trouvent répartis ſans règle ni meſure ; ils attaquent indiſtinctement le produit net & les repriſes des deux claſſes laborieuſes. Donc tout Impôt qui n'eſt point levé immédiatement ſur le revenu , n'eſt point Impôt direct ; il eſt ſeulement indirect, parce qu'après pluſieurs détours abuſifs, il finit par être payé indirectement par le produit net, ainſi qu'on acheve de le prouver en l'ayant conſidéré ſous la forme de taxes perſonnelles.

ENTRE toutes celles dont l'Impoſition indirecte eſt ſuſceptible , les principales ſont les taxes ſur les rentes , ſur les maiſons & ſur les conſommations. Toutes ces différentes ſources ſont également illuſoires, & elles ne peuvent être que des ramifications du revenu.

LES rentes ſont des branches paraſites par leſquelles s'extravaſe la ſève qui vivifie les trois claſſes de l'Etat, quoique l'indolence des rentiers ſemble les éloigner de toute occupation; cependant leur intérêt les engageroit infailliblement à être membres d'une de ces classes, s'ils ne trouvoient pas d'avantage à en être les sang-sues. C'est le besoin qui mesure cet avantage. La proportion entre les prêteurs & les emprunteurs est la seule cause décisive du prix de l'argent ou de son intérêt. La loi ne pouvant pas changer la raison de ce concours général, le taux des contractants se rendra toujours indépendant de son autorité.

L'EMPRUNTEUR ne doit pas mieux réussir à forcer le prêteur de subir la diminution de l'Impôt sur son intérêt, que de prêter à un fur plus bas que celui du concours général. On ne peut pas plus le présumer maître de la première condition que de la seconde. Ainsi le fur naturel de l'argent prenant toujours l'ascendant sur le fur légal qui s'efforce en vain de le saisir & de le fixer, la reprise de l'Impôt sur les rentes est calculée par le prêteur, & exigée par lui en sus du fur naturel; ce qui le fait renchérir & retomber sur l'emprunteur qui s'abuse, s'il prétend le gagner.

CECI pofé, en regardant les emprunteurs comme chargés réellement d'acquitter les prêteurs de la charge fictive établie fur l'intérêt de l'argent qu'elle renchérit, il fuffit d'examiner les trois claffes d'emprunteurs de la fociété, pour ne plus douter que c'eft le feul produit net qui payera ce genre d'Impofition indirecte.

1°. IL ne peut y avoir de difficulté pour la claffe des Propriétaires, puifqu'elle n'a que ce produit net à fa difpofition, & conféquemment qu'elle ne peut payer que fur lui l'intérêt de fes emprunts.

2°. LE prix du prêt étant renchéri de toute la quotité de la taxe à laquelle on prétend l'affujettir, & cette taxe étant payée par l'emprunteur, la claffe de l'induftrie s'en trouvera chargée, en raifon de fes emprunts ; ce fera donc elle qui la payera. Elle fe trouvera par là dans le même cas que pour les taxes perfonnelles. Par la même raifon que fa rétribution ne lui donne rien de difponible, elle s'en fera de même indemnifer par les claffes propriétaire & productive.

3°. CELLE-CI revendiquera de même

fur la claffe propriétaire, & la forcera
de lui accorder fous la menace des mêmes peines ci-deffus, non-feulement le
dédommagement complet du furcroît
de dépenfe que lui aura occafionnée
la taxe de fes emprunts, mais encore
la portion d'indemnité qu'elle aura été
forcée de donner à la claffe mercenaire; de forte que la charge entière
de l'Impôt fur les rentes, fera fupportée par le produit net.

UNE maifon eft auffi ftérile que de
l'argent ; le loyer qu'elle produit,
quand elle eft louée, n'eft point un revenu, n'étant point le partage des richeffes renaiffantes recueillies fur elle-
même ; il eft vraiment une dépenfe que
l'on a comptée au nombre de celles
de la claffe propriétaire & de celle de
l'induftrie.

LES maifons font un fonds de l'induftrie, dont les poffeffeurs font membres à ce titre. Le terrein fur lequel
elles font conftruites; les matériaux qui
les compofent, & la main-d'œuvre qu'a
coûté leur arrangement, repréfentent
le capital qui forme leur valeur. Cette
manière de l'employer ne peut être
cenfée avoir été adoptée par perfon-

...ie, que dans la certitude d'en retirer ...n profit combiné avec celui de ſes au-...res emplois, & en raiſon de leur ſoli-...nité. Rien ne doit pouvoir diminuer ...ette proportion.

CE n'eſt point l'Impôt qui doit réuſ-ir à l'affoiblir ; il eſt inconteſtable ...qu'il doit être aux dépens du locataire ...en renchériſſement des loyers. En ...effet, ſuppoſez un inſtant qu'il ſoit re-...tenu aux poſſeſſeurs des maiſons, en ...déduction des baux ; alors l'emploi de ...l'argent en bâtiſſe deviendroit moins ...favorable que tous ceux dont il eſt ...ſuſceptible dans les mains de l'induſ-...trie ; auſſi-tôt on ceſſeroit de conſ-...truire de nouvelles maiſons ; on refu-...feroit même de rebâtir celles que le feu ...& la vétuſté détruiroient ; conſéquem-ment le nombre en diminueroit, juſ-qu'à ce que la demande en concur-...rence des locataires, eût élevé le prix ...des loyers au pair de l'indemnité de ...l'Impôt en faveur des poſſeſſeurs des ...maiſons. Quand on ſeroit parvenu à ...ce rétabliſſement de niveau, il ne ſe-roit pas douteux que cet Impôt ſeroit ...tout entier aux charges du revenu ter-...ritorial ; le renchériſſement des loyers

feroit un furcroît de dépenfe payée
directement par les Propriétaires, pour
les maifons qu'ils occuperoient ; il le
feroit de même pour la claffe de l'induftrie à laquelle ils en tiendroient
compte comme d'une taxe qu'elle fu-
biroit.

IL eft vrai qu'en attendant le moment du rehauffement des loyers, les
Propriétaires fembleroient être foula-
gés de la quotité de l'Impôt, dont les
poffeffeurs des maifons feroient grevés ;
mais cette circonftance ne pourroit
exifter que dans les lieux où les richeffes feroient diminuées, ce qui fe
reconnoîtroit par l'impuiffance où fe
trouveroit le revenu de payer à l'induftrie une rétribution proportionnée
à fes frais pour le montant de l'Impôt
fur les loyers pour fes avances en bâ-
tiffes de maifons ; le montant de l'Impôt fur les loyers feroit la mefure de
la diminution de valeur des maifons,
qui feroit une perte que fubiroient leurs
poffeffeurs. Elle feroit une efpèce de
banqueroute qu'ils fouffriroient fur
leur argent prêté aux cantons appau-
vris fous la forme de maifons, lefquelles tomberoient de prix principal

n raifon de la redevance à l'Impôt,
qui tiendroit la place d'une rente fon-
ière ; comme elles ne fe partageroient
& ne fe vendroient que fous cette dé-
luction, l'Impôt ne feroit point à la
charge de leurs poffeffeurs. Sans augmenter en apparence les loyers, il ne
les renchériroit pas moins de tout ce
qu'il preleveroit fur eux, & de ce dont
ils feroient diminués fans lui ; ainfi ce
défaut de diminution équivalant à un
renchériffement réel, il feroit payé
comme celui ci-deffus par le produit
net aux dépens des Propriétaires.

La quatrième forme de l'Impofition
indirecte qui refte à examiner, eft celle
qui perçoit un droit fur les confommations : elle peut le percevoir de deux
manières, ou par l'attribution de la
vente exclufive de quelques denrées,
ou par un droit fimple & tariffé fur
toutes les productions.

Un Etat ne peut s'emparer d'une
denrée pour la revendre aux trois différentes claffes de fes Citoyens, que
dans la vue de s'affurer un profit fur
la revente ; ce profit ne peut être
produit que par une différence du prix
de l'achat à celui de la revente, ce

qui conſtitue un renchériſſement auquel tout le monde eſt obligé de ſe ſoumettre ; mais ce renchériſſement ou excédent de prix naturel exigé par la force, place encore cet Impôt au rang des taxes perſonnelles que paie chaque Citoyen en raiſon de ce qu'il conſomme de la denrée revendue excluſivement par l'Etat. Ainſi le revenu eſt obligé par les mêmes raiſons qu'on a démontrées, d'indemniſer les deux autres claſſes.

Si cette Impoſition eſt un droit ſimple & tariffé, levé ſur la vente libre de toutes les productions, il peut produire trois effets différents : le premier ſera de renchérir la denrée pour le conſommateur, ſans en diminuer le prix pour le vendeur : le ſecond ſera de le diminuer pour le vendeur ſans l'enchérir pour le conſommateur, & le troiſième ſera de renchérir la denrée d'une partie du droit pour l'acheteur conſommateur, & de baiſſer ſa valeur de l'autre partie pour le vendeur cultivateur. La circonſtance du renchériſſement cauſé par le droit ſur les ventes libres, doit avoir le même effet que celui qui eſt perçu ſur les conſommations.

::mations forcées. Rentrant de même dans la claſſe des taxes perſonnelles, ſon reflet ſur le produit net eſt néceſſairement & évidemment le même.

MAIS lorſque le droit avilit le prix de la denrée pour le vendeur cultivateur, celui-ci ne peut completter ſes repriſes par la vente de la reproduction; ſes repriſes étant moindres, ſes travaux de culture doivent être diminués, puiſqu'il ne pourra plus faire la même dépenſe : la diminution des travaux cauſera celle de la reproduction future; celle de la reproduction cauſera celle du produit net ou du revenu ſur lequel les Propriétaires perdront le double de ce que l'Impôt leur auroit coûté directement ou indirectement, s'il avoit renchéri la denrée au pair du droit. Cette influence le rend Impôt perſonnel dont l'indemnité n'eſt point fournie par le revenu ; injuſtice que la nature punit par une perte double de la charge que l'on a prétendu vainement faire ſupporter à ceux qu'elle veut faire jouir d'une immunité complette. Le calcul offre à-peu-près les mêmes réſultats.

SI l'Impôt diminuant le prix de tou;

tes les denrées vendues des deux cents
millions qu'il leveroit, il eſt clair que
les fermiers le payeroient tout entier
en retirant cette ſomme de moins ſur
la vente des trois cinquièmes de la re-
produćtion totale qu'ils feroient à l'ordinaire aux claſſes propriétaire & mercenaire. Leurs repriſes n'étant plus que
de dix-huit cents millions au lieu
d'être de deux milliards, la reproduction ne pourroit plus être que de quatre
milliards huit cents millions qui ſe partageroient en deux milliards ſept cents
millions de repriſes pour les fermiers,
ce qui réduiroit leurs avances à dix-
huit cents millions, & leurs intérêts
à neuf cents millions, de ſorte que le
produit net ne ſeroit plus que de dix-
huit cents millions : ils le diminueroient
encore de deux cents millions qu'ils
réſerveroient pour le droit de l'Impôt,
& pour fournir ſa dépenſe ; car ſans
cette précaution ils payeroient encore
de nouveau aux dépens de leurs repriſes, ce qui les auroit bientôt abſor-
bées entièrement, & réduit le Souverain avec la nation à la plus affreuſe
miſère.

CETTE nouvelle ſouſtraćtion de deux

cents millions faite fur le produit net,
le reftreindroit à feize cents millions qui formeroient le revenu de la
claffe propriétaire. Elle recevroit donc
quatre cents millions de moins qu'auparavant ; ce feroit une perte double
de la demande de l'Impôt, & elle deviendroit triple & davantage par la
charge des mendiants créés par la diminution des travaux, tant de la claffe
productive que de la claffe mercenaire :
les avances de celle-là feroient moindres
de deux cents millions ; celle-ci auroit
diminué conféquemment les fiennes de
cent millions, fuivant la proportion
qui doit exifter entre elles, les fecondes ne pouvant jamais être que le quart
de la fomme des premières réunies à
celle du produit net, elle ne feroit plus
que de trois milliards fix cents millions:
donc les avances de l'induftrie ne pourroient être que de neuf cents millions,
au lieu du milliard qui les compofoit
auparavant : ce vuide de cent millions
en découvre un égal dans fes travaux ;
tous ceux qu'ils faifoient fubfifter fe
trouvant fans reffource, feroient la
première claffe de mendiants qui retomberoient fur les Propriétaires : l'A-
D ij

griculture ayant diminué fes dépenfes
d'exploitation de deux cents millions ,
tous ceux dont ces frais fournifloient
la fubfiftance, formeroient une feconde
claffe double de la première ; ainfi le
revenu des Propriétaires diminué de
quatre cens millions , feroit encore forcé de fuppléer en aumónes à l'extinction
de trois cens millions de falaires ; toute
la furcharge leur coûteroit trois fois &
demi autant que l'Impôt qu'ils auroient
compté gagner. Le troifième cas qui
fournit l'Impôt , partie en diminution,
partie en augmentation de valeurs vénales, partage fes influences en raifon
qu'il produit chacun de fes effets.

IL feroit inutile de confidérer les
Impofitions indirectes fous d'autres
points de vue ; ceux qu'on vient d'approfondir comprennent toutes les principales modifications dont elles font
fufceptibles. On voit qu'elles fe réduifent toutes à de fimples taxes perfonnelles qui renchériffent la dépenfe ou diminuent le revenu, & que par ces deux
reflets elles viennent fe réunir entièrement fur les Propriétaires avec des
degrés différents de pefanteur. C'eft ce
qu'on s'étoit propofé de démontrer,

« & ce dont on a tâché de porter les preuves jufqu'à l'évidence.

C'EST fans aucun fondement que la fubtilité fifcale a imaginé que l'Impofition indirecte préfentoit bien des avantages que chacun vante par écho en faveur de fes différentes formes ; mais elles font toutes également illufoires. Par exemple, il faut bien aimer à s'abufer, & compter fur la crédulité publique, que d'avancer *qu'une partie de cette charge eft payée volontairement.* Cette partie prétendue volontaire ne peut comprendre que les objets dont la confommation eft foumife à des droits ; mais 1°. l'attention qu'on a de charger de préférence ceux que les premiers befoins & l'habitude ont rendus indifpenfables, fait évanouir cette liberté chimérique.

2°. L'ABUS de proportionner le revenu public à la dépenfe, fubftitué à la fageffe de proportionner la dépenfe publique au revenu du territoire de chaque Etat, eft garant que l'autorité fauroit bien reporter fur les taxes forcées tout le vuide qui fe trouveroit dans le produit des droits fur les confommations libres.

3°. Il n'eſt pas néceſſaire d'examiner
ſi on paie librement un Impôt, pour en
apprécier les effets : il ne s'agit que de
ſavoir ce qu'il lève réellement.

4°. En ſuppoſant qu'un eſprit de
concert pût ſaiſir en même temps tous
les Citoyens, & que pour ſe ſouſtraire
à un droit de conſommation, ils ſe
déterminaſſent à ſe priver des objets
ſur leſquels il eſt aſſis ; cet évènement
auroit des ſuites bien plus préjudiciables que l'Impôt redouté, ſi la privation regardoit une denrée du territoire : le défaut de ſa conſommation
la laiſſant invendue & l'empêchant de
renaître, coûteroit au revenu beaucoup plus que ce qu'il auroit cru épar-
gner ſur ſa dépenſe en s'exemptant de
la charge *libre & volontaire.*

De même, pour perſuader *que l'Impôt indirect ſe proportionne naturellement
à la fortune des contribuables qui ne paient
qu'à proportion de leur dépenſe, & qui ne
dépenſent qu'à proportion de leurs richeſſes,* il faudroit démontrer qu'on obſerve
dans ſon aſſiette deux conditions eſſen-
tielles, l'une que le tarif des droits
ſur les conſommations eſt gradué, ſuivant la diſproportion énorme qui

exiſte entre le ſuperflu & le néceſſaire ; qu'il greve prodigieuſement le premier, tandis qu'il touche à peine au ſecond , autrement il n'y a ni juſtice ni proportion ; car le peuple paie infiniment plus que le petit nombre de riches.

L'autre condition eſt qu'on a ſu tellement diſpoſer l'Impôt, qu'il ne peut cauſer aucune diminution ſur le prix des ventes, & qu'il ne peut qu'opérer un renchériſſement des valeurs venales , ſans cela tout le bel ordre ſuppoſé s'évanouit. Pour s'en convaincre , il ſuffit de conſidérer le ſort d'un Vigneron relativement à celui d'un riche conſommateur de vin : ſi les droits ſur le vin aviliſſent ſa valeur , celui ci ne payera rien de l'Impôt ; celui-là , au contraire , le payera ſeul , & en verra tout ſon revenu ſurchargé , puiſqu'il ne conſiſte que dans cette ſeule production. Ces deux obſervations découvrent le peu de ſolidité de l'opinion, pour ne pas dire qu'elles en prouvent la fauſſeté.

Le moindre retour ſur les vrais principes du commerce détruit le troiſième avantage attribué fauſſement aux formes de l'Impoſition indirecte. Quand

on sait que la liberté est son seul guide ,
& la concurrence son unique loi, on
est bien éloigné d'applaudir à ces Impôts, en les regardant *comme étant dans*
les mains du Gouvernement un moyen
d'écarter de certaines branches du com-
merce la concurrence des étrangers, &
d'en réserver le profit aux nationaux.

QUE de pertes a causées, cause tous
les jours, & peut aggraver encore
cette subtilité du monopole ! Il faudroit ici une dissertation complette ;
mais sans se permettre un trop grand
écart , il suffit de rappeller que toute
branche de commerce que la concurrence enleveroit, n'est conservée qu'au
préjudice de l'Etat qui entreprend de
la fixer par l'exclusion. La qualité, l'ha-
bileté & le bon marché font les trois
seuls titres légitimes de préférence pour
les productions ainsi que pour les services : éloigner les étrangers malgré
ces motifs de les préférer , c'est autoriser les nationaux à servir moins bien
& plus chèrement. Or , je le demande,
est-il une seule branche de commerce
où il puisse être avantageux de payer
fort cher de mauvais ouvrages ? Et
quand ils seroient excellents, n'est-il pas

visiblement contraire au bien général, & au droit naturel, d'interdire aux Citoyens propriétaires la liberté de se servir d'un étranger utile pour les faire mettre à contribution par un Citoyen onereux ?

ON dit Citoyen *onereux*, & cette imputation n'est point forcée : car une branche quelconque de commerce pour la conservation de laquelle on a besoin d'élever le prix des étrangers par un tarif, coûte aux consommateurs nationaux tout l'excédent de valeur établi par ce niveau factice. Cependant la masse du revenu étant bornée, si sur la portion de la dépense qu'il peut distribuer à l'industrie, un travail favorisé absorbe une plus forte retribution que celle qui lui appartient naturellement, tout ce que celui-ci ravira de trop fera aux dépens d'autres travaux pour lesquels la masse des salaires se trouvera diminuée, ou supprimee même pour plusieurs. La consommation générale sera de même lésée, puisqu'il faudra consommer moins des objets soutenus à un prix trop haut, ou se priver de ceux qu'on aura sacrifiés à la jouissance des premiers. Il y

aura donc diminution de travail, &
de reproductions pour le fruit des efforts qu'on aura faits, afin de conserver contre l'ordre de la nature quelques bénéfices forcés qui resteront, à
la vérité, au profit de quelques nationaux , mais qui se convertiront en
fortunes pécuniaires composées d'une
portion du numéraire ravie à la circulation , & qui perdant sa qualité de sig-
ne, prendra celle de capitaux pécuniaires dont le produit sera une nouvelle
charge sur la Société ; ainsi elles n'auront été accumulées, & ne se soutien-
dront qu'au préjudice de l'industrie,
& du revenu de la nation.

Au contraire, en renversant ces bar-
rières élevées par l'erreur, si la liberté
enlevoit par la concurrence cette branche de commerce ménagée avec tant
de soins & de pertes, ce changement
ne seroit que le rétablissement de l'ordre établi par le souverain Etre : chacun y trouveroit un double avantage.
Les étrangers produiroient les objets
qu'ils pourroient donner à meilleur
compte, & ils accroîtroient leur consommation des retours que leur procureroient leurs nouveaux échanges.

parce qu'en vendant plus, ils pourroient acheter davantage : les nationaux ne renonceroient à leurs anciens
travaux que parce qu'ils en auroient
de plus fructueux ; ils recevroient des
étrangers une plus grande quantité des
objets qu'ils auroient ceſſé de produire,
parce qu'ils feroient moins chers, &
ils leur donneroient en retour les nouvelles productions que leur climat &
leur intérêt leur auroient fait préférer.
Ces dernières feroient donc toutes en-
tières au profit de l'induſtrie & de la
conſommation générale : elles feroient
un furcroît de richeſſes que tout le
monde partageroit ; car elles n'auroient
jamais exiſté tant qu'on auroit perfiſté
à occuper fes fonds & fes bras à produire ce qu'on refufoit de l'étranger ;
celui-ci même n'auroit pu jamais acheter ces productions tant qu'on lui auroit interdit la facilité de vendre les
fiennes. C'eſt donc agir contre fes intérêts bien entendus, que *de vouloir
éloigner par des droits de l'impofition indirecte de certaines branches de commerce
la concurrence des étrangers*, & c'eſt
caufer des pertes réelles à une nation

D vj

par les moyens qu'on emploie pour réferver des profits trop confidérables à quelques nationaux. Ce principe heureufement ne permet aucune exception ; s'il pouvoit même en fouffrir, les Impôts indirects feroient un reffort bien dangereux, placé dans les mains du Gouvernement. Son infpection trop étendue ne peut être que fuperficielle, il ne peut approfondir aucun objet, encore moins en fuivre tous les rapports ; il feroit bien à craindre que le crédit, la rufe & la cupidité ne réuffiffent à faire pencher la balance à leur gré (7).

____

(7) Nous avons fous les yeux deux exemples bien frappants des fuites ruineufes de l'exclufion : elles prouvent combien il eft facile d'en impofer aux Souverains, & de leur faire tenir une conduite inconféquente. On prive le revenu au moins de foixante millions dont il pourroit jouir en augmentations de valeurs venales dans l'intérieur, en éloignant les étrangers de l'exportation de nos grains, & ce facrifice eft fait à la confervation au plus de deux millions de frêt, & à celle de l'emploi de quatre mille hommes tant matelots qu'ouvriers, tandis qu'on foutient l'interdiction de la culture du tabac qui occuperoit au-

On voit avec quelle facilité un raisonnement méthodique anéantit tous

———

moins vingt mille familles de cultivateurs, & dont l'achat coûte chaque année à la nation huit millions qui paſſent chez les étrangers. Eſt-il rien de plus inconféquent que de facrifier le travail utile, conſtant & reproductif de vingt mille familles, & d'en réferver un onereux, ſtérile & précaire de quatre mille ?

Il eſt vrai que le Roi ne recevroit pas de la Ferme Générale vingt-deux millions que lui produit cet Impôt ; mais on demande ſi le revenu auquel cet Impôt coûte au moins quarante-quatre millions, n'en payeroit pas aiſément vingt-deux par un Impôt direct ? Il me ſemble qu'un débiteur auquel on remettroit la moitié de ſa dette, devroit s'empreſſer avec autant de plaiſir que de reconnoiſſance de s'acquitter de l'autre moitié. L'inquiétude de même du créancier ne peut avoir aucun fondement.

En rétabliſſant la liberté dans ſes droits, on peut en tracer les avantages. La concurrence dans le frêt augmenteroit le revenu de ſoixante millions. La ſuppreſſion de la Ferme du tabac ſoulageroit d'un fardeau qui coûte plus de quarante-quatre millions. De plus, la culture ſur une reproduction nouvelle de huit millions en tabac, donneroit quatre millions pour les frais, qui feroient le double de ce qui pourroit nous être enlevé de frêt, le produit net en feroit de quatre millions. La

les prétextes fpécieux avec lefquels l'intérêt particulier entretient l'aveuglement du prejugé. Il découvre que les différentes formes de l'Impofition indirecte ne procurent pas plus d'avantages, que fes reprifes ne procurent de foulagement au revenu des Propriétaires fur lequel elle retombe toute entière.

C'est déja beaucoup que d'avoir diffipé le preftige fur ce point, en faifant fentir aux Propriétaires combien ils s'abufent lorfqu'ils imaginent que ce qu'ils ne paient pas directement n'eft pas à leur charge. Cette première difcuffion étoit néceffaire pour leur

---

revenu accru de ces trois fommes gagneroit donc cent huit millions, dont les deux feptièmes que le Souverain pourroit en réclamer, lui procureroient par un Impôt direct trente-un millions, ce qui fait près d'un tiers plus qu'il n'en reçoit. En cédant avec plaifir la moitié du frêt de nos grains aux étrangers, l'Etat conferveroit un tribut de huit millions qu'il paie à nos rivaux, & le revenu gagneroit foixante dix-fept millions qu'il perd *par ce reffort placé dans les mains du Gouvernement.* Ceci eft clair, fimple & fans fyftême.

démontrer le tort qu'ils ont d'applaudir à l'établissement ou à la conservation des Impositions indirectes. Il s'agit à présent de les convaincre de l'intérêt pressant qu'ils ont de solliciter leur suppression, en appréciant leurs effets sur le revenu.

SECONDE PARTIE.

APRÈS avoir suivi tous les différents reflets des Impositions indirectes, & démontré qu'elles finissent toujours par être payées entièrement aux dépens des Propriétaires, cette première découverte puisée dans l'ordre physique, doit avoir disposé les esprits à sentir avec quel degré de pesanteur elles retombent sur le revenu territorial. Ce second pas vers la vérité est la suite naturelle du premier.

POUR avancer avec ordre, & pour être suivi avec confiance par ceux auxquels on ose offrir de servir de guide, il faut considérer l'Impôt indirect dans deux temps différents : l'un est, lorsqu'il est assez ancien pour que tous les fermiers aient pu le rejetter sur la partie disponible de la reproduction à l'expiration de leurs baux : l'autre est l'intervalle qui s'écoule depuis sa création ou son accroissement, jusqu'au renouvellement des baux. Pendant ces deux époques, ses influences étant bien différentes, il est indispensable de les distinguer, & de les discuter séparément.

QUOIQUE l'Impôt ancien, que l'on appellera Impôt indirect *permanent*, semble devoir suivre l'Impôt nouveau que l'on désignera par le titre d'Impôt indirect *survenant*, cependant les effets du premier étant plus simples, leur développement servira de degré pour parvenir à saisir ceux du second qui sont beaucoup plus compliqués. C'est par cette raison qu'on s'est determiné à faire précéder l'examen de l'Impôt permanent : ses désordres même lui communiquant la qualité destructive de l'Impôt survenant, leur détail conduira insensiblement à découvrir les causes de la déprédation de celui-ci.

UN Impôt indirect permanent, en ne donnant au Souverain que les mêmes sommes qu'un Impôt direct lui procureroit, doit coûter en sus au revenu la dépense de sa perception, les faux frais contre la fraude, & les torts faits au commerce, foit par les gênes, foit par le changement dans le prix naturel des productions. Ces trois effets qu'il produit néceffairement, font une furcharge ajoutée au poids qu'il devroit avoir en Impôt direct ; ce font eux qui le rendent illufoire, onereux & deftructeur. Ils peuvent parvenir à le rendre un fardeau énorme, & à lui faire abforber prefque tout le revenu, fans rien produire de plus au Souverain.

TELS font les dommages qu'il faut apprécier pour parvenir au but qu'on fe propofe : mais ces dommages étant plus ou moins confidérables, plus ou moins rapides, lorfque l'Impôt eft perçu par économie au profit du Souverain, ou lorfque fa perception eft cédée par traité à une Compagnie qui s'oblige d'en former un revenu fixe à l'Etat, en fe réfervant de gros profits, ces deux formes différentes de régie ou de ferme préfentent une nouvelle divifion qu'il eft indifpenfable d'adopter pour réduire les chofes à leur vrai point de vue, ainfi qu'à leur valeur réelle.

QUELQUE intelligence, quelqu'économie qu'on apporte dans la régie des droits indirects, leur répartition devant être extrêmement divisée dans un grand Etat où ils se répandent à la-fois sur les trois classes de la Société, il est nécessaire d'employer un grand nombre d'Agents pour en faire le recouvrement ; il doit au moins être le triple de celui qu'exigeroit la perception d'un Impôt direct qui seroit réuni sur la seule classe des Propriétaires : on conviendra même que la quantité des préposés pour celui-ci, doit être dans une raison bien moins forte, si l'on considère qu'en puisant dans la seule source du revenu territorial, la moindre impulsion lui feroit fournir avec autant d'aisance que d'égalité la portion du Souverain.

CETTE portion ne pouvant être diminuée sans crime par les Propriétaires, elle pourroit être recueillie exactement sans frais par les Citoyens. Personne n'oseroit former de plaintes, & encore moins taxer de dureté le recouvrement de cette part du revenu public, si elle étoit distincte & connue ; elle n'appartiendroit qu'au Souverain, & elle lui appartiendroit aussi légiti-

mement que le reste du produit net
des fonds appartiendroit à leurs possesseurs, n'ayant point été comprises
dans le prix de leur acquisition, ou
dans celui de leur partage, ainsi qu'on
l'a démontré dans la premiere Partie.

Il en est tout autrement pour la
perception d'Impôts indirects, chacun
tend naturellement à s'y soustraire.
Les deux classes reproductive & stérile sentant, sans en démêler la raison,
l'immunité naturelle dont elles devroient jouir, & le désordre qu'ils cau-
sent dans leurs opérations, ne peuvent
s'y soumettre qu'avec la plus grande
répugnance : la classe même des Propriétaires, sans principe, comme le
reste de la nation & l'administration
même sur la nature, la consistance &
les destinations du produit net, ne regarde, par un coup d'œil confus, que
comme une spoliation tout ce qu'on
peut exiger d'elle ; parce que c'est un
retranchement du revenu qu'elle croit
avoir acquis tout entier, ne lui étant
pas possible d'en distinguer la portion
du Gouvernement.

Le crédit & la ruse devant employer tous les moyens de rejetter la

charge fur ceux qui ne peuvent jouir des mêmes reffources, ceux-ci doivent en être accablés. Manquant ainfi de bafe folide pour leur affiette, les Impofitions indirectes font la fource d'une infinité d'injuftices qu'on ne peut prévenir, & encore moins réparer.

DANS leur répartition obfcure & incertaine, tout leur produit ne peut être obtenu que par contrainte : or il eft impoffible d'en rendre des Citoyens les miniftres ; il eft donc néceffaire de prendre des hommes qui par befoin ou par cupidité, dévoreront les défagrémens de ces opérations ; mais ils n'y confentiront qu'à condition qu'on leur donnera des falaires proportionnés au facrifice qu'ils feront de la confidération publique. Vu le grand nombre que les recouvrements doivent exiger, il s'enfuit que la dépenfe de leur rétribution doit être très confidérable ; mais faifant une partie de l'Impôt dont elle eft diftraite, elle en eft une extenfion qui retombe comme lui fur les feuls Propriétaires, & qui eft levée fur eux en pure perte pour le Souverain.

COMME la faveur & la grande indigence font deux titres pour fe fouftraire à ces Impôts qui ne pouvant avoir de mesure fixe pour leur partage, n'accablent que la médiocrité, il est tout naturel que ceux qui ne peuvent jouir de la premiere, cherchent leur sauve-garde dans la seconde, & en affectent les dehors. Ils feront tous leurs efforts pour paroître surchargés. Dans la crainte de voir augmenter leur fardeau, ou dans l'espoir de le faire diminuer, la raison leur inspire d'exprimer leur impuissance par un paiement lent & difficile ; ils doivent même ne l'accorder qu'à des frais de contrainte. Quoiqu'ils soient un surcroît de l'Impôt, comme ils sont les maîtres d'en prescrire les bornes, ils doivent le préférer à une augmentation réelle qu'un paiement facile leur attireroit, & dont ils ne pourroient plus arrêter le cours arbitraire.

Il en seroit de même pour les droits sur les consommations, s'ils étoient considérables, & sur-tout pour la vente prétendue frauduleuse d'objets dont l'Etat se feroit attribué le débit exclusif. Il est sûr que chacun céderoit à l'appas du bénéfice qu'on trouveroit à tromper la surveillance de la régie;

n le balanceroit avec le rifque & la
dépenfe des faifies, par lefquelles on
tenteroit vainement d'intimider l'induftrie naturelle ; jamais on ne pourroit fe croire lié par une loi, quand
la nature la profcriroit, en criant
qu'elle viole les fiennes. Il exifteroit
donc beaucoup de faifies qui fe re-
nouvelleroient chaque jour ; leurs frais,
fans tourner au profit du Souverain,
n'en feroient pas moins payés réellement par le revenu, comme l'Impôt.

CES trois objets feroient une dépenfe effective qui feroit prife fur le
produit net aux dépens des Propriétaires. Mais le tort fait au commerce par
les gênes & par le changement dans
les prix, feroit une charge qui en diminuant le revenu, le greveroit autant
que les reprifes réelles & indirectes de
l'Impôt.

A combien de formalités fe trouveroient affujetties toutes les opérations
du commerce, pour en prévenir la
fraude ? Avec quelle attention rigou-
reufe ne vifiteroit-on pas tous les objets d'échange ? Combien de temps fau-
droit-il facrifier à ces recherches rebu-
tantes ; ce qui accroîtroit beaucoup les

frais de tranſport? Quelquefois un
demi-journée pourroit coûter un mo〈is〉
de retard ſur les rivières, lorſque 〈les〉
viſites feroient perdre un vent néce〈ſ〉
ſaire pour ſortir d'un détour, où aprè〈s〉
pendant long temps, on languiroit〈à〉
l'attendre. Peut-être même l'économ〈ie〉
de la régie, pour diminuer le nomb〈re〉
des Bureaux, engageroit-elle à fixer d〈es〉
routes, & en les prolongeant, à 〈en〉
augmenter la dépenſe? La réunion 〈de〉
toutes ces gênes renchériroit néceſſa〈i〉
rement tous les frais du commerce; 〈&〉
perſonne n'ignore qu'ils ſont ſupport〈és〉
par les productions elles-mêmes qui
vendent d'autant moins qu'ils ſont plu〈s〉
conſidérables; en aviliſſant ainſi le pri〈x〉
des ventes, elles produiroient une di〈
minution de revenu; le vuide qu'elle〈s〉
y cauſeroient, pourroit égaler ce qu〈e〉
l'Etat retireroit d'un pareil Impôt, &
conſéquemment en doubler le poids.

MAIS tandis que ces gênes nuiſen〈t〉
au commerce, en diminuant les pri〈x〉
pour le vendeur, ce qui diminue ſe〈s〉
moyens pour être acheteur, l'Impô〈t〉
lui-même aggrave encore ce dommage〈.〉

LORSQUE tout l'argent de l'Impô〈t〉
eſt dépenſé dans l'ordre proſpère, i〈l〉

eſt

est indispensable que ses reprises, &
sur-tout celles sur les consommations,
augmentent les valeurs vénales pour
l'acheteur consommateur, sans les diminuer pour le vendeur. En considé-
rant l'argent comme des soumissions de
la part des cultivateurs qui n'expri-
ment que la quantité d'objets qu'ils
peuvent livrer, on doit concevoir
que tout droit en argent levé par l'Impôt, n'est qu'une partie de ces soumissions qu'il contraint de lui céder.
Quoiqu'en achetant, le consommateur
donne réellement toutes les soumissions qu'il a réunies, le vendeur cultivateur ne touchant point d'abord
celles que l'Impôt en a retranchées,
ne consent d'acquitter que la quotité
de celles qu'on lui remet; il est d'autant plus autorisé à se tenir aux termes
de son engagement, que la dépense de
l'Impôt se présente en concurrence
pour réclamer la livraison des objets
dont il possède les gages. Dans cette
position, l'Impôt indirect ne dérange
point l'ordre de la circulation; ce qu'il
en enleve par le paiement de ses différents droits, n'est qu'un retranchement
réel de la portion de chacun, qui ne

reſte point invendue, puiſqu'il la conſomme dans le même ordre qu'elle auroit été conſommée ſans lui.

QUOIQUE ce renchériſſement pa-
roiſſe une ſuite naturelle de la dépenſe
complette de l'Impôt indirect, en opé-
rant une caſcade de plus dans la circulation ; cependant il ne pourroit
s'exécuter exactement que dans un
Royaume iſolé, & qui n'auroit aucun
rapport au dehors ; car la concurrence
étrangère s'oppoſeroit à ce rehauſſe-
ment des valeurs ſur tous les objets
du moins deſtinés à l'étranger, tels que
les productions des manufactures à ſon
uſage, & les ſervices de main-d'œuvre néceſſaires pour communiquer
avec lui.

TOUTES les Nations étant indépen-
dantes des fauſſes manœuvres que chacune d'elles peut faire dans ſon adminiſtration intérieure, & ne connoiſſant
dans leurs échanges réciproques qu'un
prix naturel & commun auquel tout le
monde doit ſe ſoumettre, ſous peine
d'être exclus du marché général ; en
vain on prétendroit y paſſer en compte, ſur le prix d'une production, la
portion que l'Impôt en auroit enle-

vée ; les étrangers fur lefquels il ne peut avoir de prife, & qui ne feroient point affez ftupides pour fe laiffer dépouiller par lui, fe moqueroient de la prétention ; ainfi il faudroit remporter fa marchandife, ou y perdre le droit de l'Impôt. Comme il n'eft pas préfumable qu'on confentît à vendre à perte, il faudroit renoncer à ces ventes extérieures ; alors tous les hommes auxquels elles fourniffoient la fubfiftance, difparoîtroient, ainfi que le établiffements de l'induftrie qu'elles foutenoient. Les denrées & les matières premières qu'elles cnnfommoient, & qui ne pouvoient trouver de débouché que fous les formes qu'elles reçevoient par les différents travaux, refteroient invendues, & conféquemment s'anéantiroient. Le commerce perdroit donc tous les échanges qu'elles favorifoient ; & le revenu tout le produit net qu'elles donnoient.

Mais quand elles ne s'anéantiroient pas, le commerce & le revenu y perdroient toujours beaucoup. Tous ces objets de la confommation étrangère ne pourroient être confervés qu'en perdant fur le prix de leur vente de

la première main toute la quotité dont
l'Impôt auroit dû les renchérir pour
leur revente ; alors repréſentant une
moindre valeur en denrées & en matières premieres, elles procureroient
par leurs échanges des retours moins
conſidérables, d'où naîtroit un vuide
dans les opérations du commerce.

Il s'en trouveroit un égal dans le
revenu : il perdroit non-ſeulement à
l'aviliſſement des ventes forcées par
la concurrence étrangere ſur les productions qui n'avoient pour débouché que le marché général ; mais encore à la diminution des prix que leur
concurrence dans l'intérieur cauſeroit
ſur les denrées réſervées pour la conſommation nationale.

Pour réſumer à préſent tout le préjudice que feroit au revenu des Propriétaires l'Impôt indirect permanent
mis en régie, on voit qu'il lui coûteroit en paiemens effectifs toutes les
ſommes qu'en recevroit le Souverain,
toute la dépenſe d'une perception épar-
pillée qui occuperoit un grand nombre d'agents, enfin tous les faux frais
pour contrainte de paiements, & pour
punitions de fraude ; il ſupporteroit

en outre tous les dommages qu'effuye-
roit le commerce, tant par les gênes
auxquelles on l'affujettiroit, que par
les effets de la concurrence étrangère.

Quelque onereux que foient tous
ces effets des Impofitions indirectes,
fous la forme d'une régie, ils le feroient infiniment plus fous celle d'une
ferme, c'eft-à-dire, fi leur perception
réunie étoit confiée à une Compagnie
d'Entrepreneurs auxquels on en aban-
donneroit tous les produits, moyen-
nant un revenu annuel qu'ils s'oblige-
roient de fournir au Souverain.

Il eft évident d'abord que les Entrepreneurs de l'Impôt faifant percevoir les droits de la même manière
que la régie, les influences de leurs
opérations fur le revenu feroient les
mêmes ; elles y peferoient fans doute
davantage par l'exactitude plus rigou-
reufe que leur intérêt particulier leur
feroit obferver ; les faux frais pour
fraude feroient bien plus multipliés,
tant pour la prévenir en intimidant
par des punitions, que pour les profits que procureroient les confifca-
tions.

Mais quand tous ces points feroient

égaux, il eſt un vice diſtinctif & inſé-
parable de la Ferme qui la rend néceſſairement deſtructive. C'eſt le bénéfice
conſidérable qu'on eſt obligé d'aban-
donner à ſes Entrepreneurs par la raiſon qu'on ne peut ni le connoître, ni
le borner. Non, l'intelligence la plus
pénétrante ne peut jamais apprécier le
produit moyen d'une foule de droits,
lequel varie chaque année, ſuivant l'a-
bondance plus ou moins grande des
productions, ſuivant les circonſtances
de la guerre ou de la paix, & ſuivant
les variations du commerce. D'ailleurs
une entrepriſe auſſi prodigieuſe ne
peut offrir pour attrait que de grands
profits ; ainſi la néceſſité de les accorder ſe réuniſſant à l'impoſſibilité de les
borner, tout doit concourir à en aſſurer de très conſidérables aux Fermiers
de l'Impôt.

En diſtinguant ſeulement par les
profits la Ferme de la Régie, on ſera
ſurpris de les voir une cauſe toujours
ſubſiſtante d'une dégradation progreſ-
ſive de la reproduction générale, par
le dérangement qu'ils cauſent dans
le cours de la circulation, & dans l'ordre des conſommations. Ils font reſ-

…fentir fans relâche les deux plus grands
…dommages de là guerre ; ils s'opèrent
…par un aviliffement progreffif des valeurs vénales, qui eft le funefte effet de
ces profits.

DE ce que la dépenfe complette de
l'Impôt faite dans l'ordre profpère &
naturel doit augmenter les prix de la
quotité de fes reprifes, en remettant
dans la circulation toutes les foumiffions numéraires des cultivateurs pour
confommer les mêmes productions que
ceux auxquels il a enlevé les gages pécuniaires de leur livraifon, il réfulte
par une raifon fimple & contraire, que
fi ces gages ne font point reverfés en
totalité & dans le même ordre, il doit
furvenir un aviliffement fur les objets
pour lefquels ils ne font point refti-
tués, ainfi que dans les lieux où ils ne
font point rendus.

OR ces deux effets font précifément
ceux qui doivent produire les grands
bénéfices des chefs de l'entreprife de la
Ferme. Leur réfidence fixée dans la
Capitale y établit une grande dépenfe
fur des gages dont la livraifon des objets devoit fe faire peut-être aux extrémités du Royaume, & qui y refte-

roient invendus, si les cultivateurs qui
en ont fourni les soumissions, ne les donnoient en concurrence pour partager
celles de leurs voisins qu'ils contrai-
gnent de leur en ceder une partie pour
se dédommager de la privation totale
des leurs. Cette manœuvre naturelle
des colons opère donc dans ces cantons une diminution des valeurs, qui
est encore augmentée par la réserve de
la partie de ces gages circulants que les
Entrepreneurs de la Ferme convertis-
sent en capitaux pécuniaires pour former ces fortunes aussi prodigieuses que
rapides.

Ces gages numéraires n'avoient
d'autre destination entre les mains de
ceux auxquels ils ont été enlevés, qu'à
leur faire livrer les denrées dont ils
exprimoient la valeur, & par leurs
achats à restituer aux cultivateurs, en
rentrant en leur possession, les moyens
de faire les frais de la reproduction
future. Mais en ne reparoissant plus
dans la circulation, & sur-tout dans
les lieux auxquels ils ont été ravis,
leur spoliation trompe l'attente de la
nature, & dérange l'harmonie physique au détriment des vendeurs des

denrées ; leurs facultés pour les faire renaître font diminuées dans la même raifon que leurs reprifes, dont le vuide devient la mefure de celui de la repro-duction fuivante.

CET enlevement de l'argent pouvant fe renouveller chaque année, fans que la dépenfe le remette dans la circulation des cantons auxquels il feroit ravi, la reproduction s'y affoibliroit fucceffivement, jufqu'à fon entier anéantiffement, ou du moins jufqu'à ce qu'elle fût réduite à n'être plus que des reproductions fpontanées de la terre qui n'exigent aucunes avances, & fur lefquelles l'Impôt ne fauroit avoir de prife ; alors il fe feroit détruit lui-même, après avoir comblé la ruine des Provinces dans lefquelles le défaut de fa dépenfe auroit commencé par avilir les valeurs vénales, & auroit continué jufqu'à l'épuifement prefque total du numéraire.

QUOIQU'IL foit impoffible dans un grand Royaume d'apprécier le jufte degré des influences du dérangement de la dépenfe & des amas pécuniaires d'une partie des profits de la Ferme, parce qu'il faudroit poffeder par des ren-

feignements précis la quotité d'argent
enlevée d'un lieu par l'Impôt, celle qui
en eſt dépenſée dans d'autres, enfin
celle qui eſt réſervée en amas. Cependant on peut donner une idée des
changements qui doivent ſurvenir
dans les Provinces, en prenant une
poſition ſuppoſée.

Qu'on imagine un droit ſur les conſommations, prélevant la dixième partie du prix naturel des denrées ; que
le Souverain ne reçoive que la moitié
de ſon produit, & le dépenſe dans le
même ordre que ceux ſur leſquels il
l'a fait lever ; qu'un quart reſte ſur les
lieux pour les appointements des Prépoſés ſubalternes de ſa perception,
(car ils doivent jouir d'une forte rétribution pour les intéreſſer davantage
à une exactitude rigoureuſe) dont ils
en dépenſent une partie & accumulent
l'autre ; enfin que l'autre quart ſoit
tranſporté dans la Capitale pour les
Entrepreneurs de la Ferme qui en dépenſent de même, & en économiſent
une partie.

Il eſt clair que tout l'argent remis
dans la circulation par la dépenſe du
Souverain, renchérira les prix de la

moitié du produit de l'Impôt, puis-qu'il réclamera la moitié des denrées par la préfentation de la moitié de leurs gages pécuniaires, qui, de fou-miffions des cultivateurs, font devenus des mandements fur eux, qu'ils s'em-prefferont d'acquitter.

LES valeurs vénales feront encore renchéries de toute la dépenfe dans l'ordre naturel que feront les Sous-Employés fur le quart du produit de l'Impôt cédé pour leurs appointements, mais elles feront diminuées de tout ce qu'ils dépenferont en fuperfluités, qui ne feront point le retour d'échan-ges en productions du territoire, & elles le feront, de plus, de tout ce qui fera diftrait par eux de la circulation, pour être converti en capitaux pécu-niaires.

LE quart du produit de l'Impôt remis dans la Capitale (8) aux Chefs de la

____

(8) Un Etat où le commerce feroit entière-ment libre, où les communications feroient faciles & peu difpendieufes, où l'Etat ne fou-tiendroit pas par fes emprunts l'intérêt de l'ar-gent à un fur plus haut que fes voifins, & où enfin une portion du produit des mines vien-droit groffir chaque année le numéraire ; il

Finance, diminuera encore les prix
des Provinces de tout ce que leur dé-

---

n'eſt pas douteux que l'économie d'une partie
de l'argent du revenu ne cauſeroit aucun préjudice aux valeurs vénales; le commerce les
ſoutiendroit toujours au prix du marché général, quoique la maſſe de l'argent économiſé
fût ſupérieure à celles que les mines répandroient, & quoique la ſomme de l'économie
fût abſolument miſe en réſerve : la raiſon en
eſt ſimple, c'eſt qu'avec la liberté & des débouchés on a toujours aſſez d'argent. Vérité
qui a dévoilé l'illuſion de la balance du commerce.

MAIS ſi l'argent de l'économie eſt reverſé
dans la circulation, loin d'être préjudiciable
elle ne peut être que très avantageuſe. Son
emploi ſeroit le prêt ſimple, ou un accroiſſement des avances de l'agriculture & de l'induſtrie. Dans le premier cas l'économie rendroit le ſervice de baiſſer le fur de l'argent, &
de donner lieu à bien des entrepriſes qui ne
peuvent être que le fruit de cette diminution.
Dans le ſecond elle augmenteroit les richeſſes
de la quotité de celles dont elle fonderoit la
culture.

SOUS cet aſpect, ſans doute les profits accumulés des Entrepreneurs de l'Impôt, n'auroient point les influences deſtructives qu'on
leur attribue, ils fructifieroient autant dans
leurs mains que dans toute autre. Le bien général n'en ſeroit pas moins favoriſé, il n'y auroit que la juſtice qui proſcriroit une pareille
ſource de richeſſes, parce qu'elle ſeroit for-

penſe n'y fera pas refluer ; il eſt vrai qu'elle les renchérira dans le lieu de

---

mée aux dépens de l'Etat ou des Propriétaires. En effet, elle prouveroit qu'on leur auroit cédé une partie de la copropriété générale qui n'appartient qu'au Souverain, ou qu'on les auroit autoriſés à s'emparer d'une partie de celle des vrais Propriétaires.

Il s'en faut bien qu'on examine les choſes ſous ce vrai point de vue : admettre en même temps dans une Société l'Impôt indirect avec les principes de l'adminiſtration ſage qu'on vient de ſuppoſer, feroit faire ſubſiſter enſemble l'ordre & le déſordre, ce qui eſt contradictoire. Auſſi en examinant un Etat ſous le régime déprédateur de l'Impôt indirect, on eſt en droit de ſuppoſer que le commerce eſt comprimé entre mille entraves, & que le dépériſſement continuel des richeſſes met le Gouvernement dans la néceſſité de recourir à la reſſource ruineuſe des emprunts, & ne lui laiſſe point la faculté d'entretenir les débouchés favorables du commerce.

C'est dans cette poſition déſordonnée qu'on aſſure que l'amas des profits pécuniaires des Entrepreneurs de l'Impôt, doivent avilir les valeurs vénales. On ne peut ſuppoſer que l'argent économiſé par cette voie puiſſe être employé à accroître les avances de la culture & du commerce ; car il eſt le prix de la ſpoliation de la première ; & conſéquemment le commerce forcé de ſe reſſerrer, doit avoir un excédent de ſon fonds, bien loin de pouvoir les accroître. On ne peut lui attribuer que deux

leur réfidence en raifon de ce qu'ils
diftrairont pour leur confommation
fur leurs profits. Ainfi une Impofition
indirecte fur les confommations, dont
la perception eft cédée par traité à
une Compagnie avec des bénéfices qui
diminuent la confommation dans les
Provinces, l'accroiffent dans la Capitale, & forment des fortunes pécuniaires aux dépens de la circulation,
doit opérer pour premier changement
un aviliffement des prix dans les Provinces en raifon du numéraire fouf-
trait à la circulation par les agents de

---

débouchés également pernicieux : l'un eft l'augmentation des avances de l'induftrie au fervice du luxe, les emprunts publics forment
l'autre : ces deux gouffres doivent l'abforber
tout entier. Suffifant même à peine au dérangement de l'Etat & des Particuliers, il ne peut
procurer l'avantage de diminuer le fur de l'argent. Si on le fuit encore dans ces nouveaux
canaux, on voit qu'il ne reflue point dans les
lieux auxquels il a été enlevé ; que nourriffant
des ouvriers de frivolités avec une portion de
la fubfiftance des colons, il diminue la reproduction, & conféquemment la population.
Ainfi les befoins de confommation diminuant
avec les moyens de la dépenfe, la fouftraction
continuelle du numéraire circulant doit avilir
fucceffivement les valeurs.

l'Impôt, & un renchériffement dans la
Capitale de tout le droit de l'Impôt
dont le produit fera rendu tout entier
à la dépenfe.

IL feroit même plus fort, fi les Provinces n'y venoient pas recueillir une
partie de leurs gages numéraires, en
y portant les objets du furcroît de
confommation occafionnée par la réfidence des Entrepreneurs de la Ferme, & de leur fuite.

QUAND chaque Province en tranf-
porteroit également pour recevoir l'argent ou la portion de fon Impôt rendue à la dépenfe, toujours eft-il mani-
fefte que les plus éloignées en recevroient moins que celles qui en feroient plus voifines, étant obligées de
payer plus de frais pour le tranfport,
dont la fomme feroit déduite aux vendeurs ? Ainfi par cette nouvelle révolution qui dirigeroit toutes les communications vers la Capitale, il s'établiroit une dégradation de valeurs vénales dans toutes les Provinces, en raifon inverfe de leurs diftances à partir
du plus haut prix, qui dans la Capitale
feroit compofé du naturel & du droit
fur les confommations : ces valeurs

dégraderoient en s'éloignant, & ce
feroit toujours aux dépens du prix naturel, puifque l'Impôt refteroit toujours le même.

CETTE dégradation de prix augmenteroit à mefure que l'argent feroit diftrait de la circulation des Provinces,
foit par les gains des Sous-Employés,
foit par ceux des Entrepreneurs, qui
continueroient à attirer l'argent de la
circonférence au centre, & l'empêcheroient de refluer à la circonférence
avec la même vîteffe & la même égalité. La proportion entre la maffe des
gages pécuniaires, & celle des denrées
diminuant continuellement, il fe trouveroit chaque année moins de ceux-là
pour obtenir la livraifon de celles-ci,
dont les valeurs vénales diminueroient.
Mais l'Impôt fans aucun égard à cet
aviliffement des prix, exigeroit toujours les mêmes droits, dont la proportion feroit conféquemment plus
onereufe dans les Provinces les plus
éloignées de la Capitale, puifque les
ventes y feroient les moins favorables.

IL arriveroit enfin que l'Impôt parviendroit à abforber tout le produit
net, c'eft-à-dire, qu'il prendroit fur la

denrée tout l'excédent de sa valeur au delà des frais de sa culture. Ce seroit sans doute le dernier point de son existence complette, puisqu'en éteignant toute propriété il s'empareroit de tout ce que la nature laisseroit de disponible. Les cantons réduits à cette extrémité payeroient trois fois plus que si l'on avoit levé sur eux un Impôt direct au tiers du produit net ; car l'Impôt leur coûteroit non - seulement ce qu'il leveroit, mais il leur coûteroit encore en privation de jouissance les deux tiers dont il auroit fait évanouir les valeurs.

Les bénéfices de la Ferme ne pourroient plus continuer alors d'influer sur les objets qu'elle auroit réduits à ce dernier terme sans les anéantir : on ne peut présumer qu'on les fît renaître : dès que par l'extension de leur avilissement, le cultivateur ne trouveroit plus dans le prix de leur vente, l'Impôt déduit, la dépense de leur reproduction ; il seroit forcé d'y renoncer, ou plutôt luttant contre cette attraction inconnue & désordonnée des espèces circulantes, il commenceroit par exploiter à moindres frais , & continueroit à les refferrer, parce que l'Impôt pefant toujours de même, abforberoit les avances après avoir abforbé tout le produit net.

CET enlevement des avances qui feroit une vraie fpoliation, cauferoit la dégradation de la culture, & une diminution de la reproduction; conféquemment il diminueroit les reprifes de l'Impôt qui ne pourroit plus fe percevoir fur la même quantité d'objets; il commenceroit à s'affoiblir lui-même après avoir enlevé tout le revenu, & il continueroit à fe détruire jufqu'à ce qu'il eût tout anéanti. Cette dégradation de la culture s'opéreroit fucceffivement en changeant de grande en médiocre, & de médiocre en mauvaife, laquelle feroit fon dernier terme; la révolution feroit par malheur trop infenfible pour faire de vives impreffions, & pour exciter à prévenir tout le défordre. Elle s'introduiroit dans les Provinces les plus éloignées, comme participant le moins au reflux de l'argent repouffé du centre à la circonférence; elle aggraveroit fes ravages à mefure qu'elle les étendroit; ce qui feroit toujours dans la même raifon inverfe des dif-

» tances, celles-là feroient déja en petite
» culture lorfque d'autres plus voifines
» de la Capitale commenceroient à dé-
» générer en médiocre, & quand celles-
» ci tomberoient en petite, les premières
» feroient en friche.

» Il est cependant un terme que l'on
» peut concevoir, auquel s'arrêteroit la
» dévaftation ; ce feroit celui où l'impôt
» leur reverferoit exactement toutes les
» fommes qu'il leveroit fur elles. Lorf-
» que ces cantons infortunés auroient fa-
» crifié fucceffivement toutes leurs avan-
» ces primitives, lorfque leurs foibles
» travaux ne dépendroient plus que d'un
» refte d'avances annuelles, dont ils ne
» craindroient plus d'être dépouillés par
» l'impôt, parce que la mifère en ren-
» droit les ventes infructueufes, & au
» deffous des frais, ils pourroient avoir
» confervé un foible germe de vivifica-
» tion dans des objets, qui, fe reprodui-
» fant fans dépenfe, pourroient fe tranf-
» porter à peu de frais dans la Capitale ;
» car tout ce qui ne feroit point dans ce
» cas, ou n'exifteroit plus, ou fon exif-
» tence, telle que les bois, y feroit nulle.
» Ils pourroient encore par l'émigration
» momentanée d'une partie de leurs ha-

bitants aller recueillir quelque argent
en travaillant dans les lieux ou la dépense de l'Impôt soutiendroit au moins
la culture médiocre.

SI l'Impôt étoit réduit à ne lever
que le produit de ces deux ressources
qui deviendroient sa plus grande mesure, ces cantons subsisteroient sur ce
petit filet de circulation qu'il faudroit
ménager avec la plus grande circons-
pection ; car le plus foible obstacle le
détruiroit, & le désespoir chassant le
reste de cette population malheureuse
changeroit en déserts des lieux où la
misère avoit déja réduit le petit nombre des habitants à la vie sauvage.

PENDANT que les seuls bénéfices de
la Ferme occasionneroient tant de
maux, tout le Royaume changeroit
de face avec une rapidité proportionnée au changement dans l'ordre des
consommations, & dans celui de la
circulation du numéraire.

PUISQUE l'argent qui s'accumuleroit
dans la Capitale ne seroit que celui qui
seroit ravi aux Provinces, pendant que
la dépense augmenteroit dans celle-là,
elle diminueroit nécessairement dans
celles-ci. Quand tous les objets que les

fecondes ne feroient plus en état de
confommer, feroient attirés dans la
première, en éloignant ainfi la confommation de la reproduction, on créeroit
un nombre confidérable de voituriers
& de revendeurs aux dépens de l'aifance des Propriétaires. Le revenu fe
trouveroit non-feulement chargé de
l'Impôt, mais encore de la rétribution
en falaires pour les voituriers, ainfi
qu'en bénéfices pour les revendeurs
fur tous les objets tranfportés, & ils
perdroient en fus l'aviliffement des
valeurs fur les denrées confommées fur
les lieux, chaque Province ne pouvant
plus jouir que du prix de la Capitale
fous la déduction de ces frais.

La caufe de ce premier changement
d'opérations du commerce continueroit à le détruire en paroiffant toujours
l'augmenter. Pour fournir à la dépenfe
de la Capitale, qui s'accroîtroit chaque année à mefure que les profits d'un
petit nombre groffiroient leur opulence pécuniaire, il faudroit multiplier
le tranfport des productions. Ce furcroît progreffif de communications
s'exécutant d'une maniere frappante,
pafferoit fans doute pour une exten-

sion de commerce. Cependant il ne seroit que le versement des productions que l'aisance permettoit auparavant de consommer sans éclat sur les lieux, mais dont on seroit obligé de se priver par le ravissement des gages pécuniaires qui en devoient procurer la livraison, & qu'il faudroit aller revendiquer à grands frais dans le séjour des chefs de la Finance. Ainsi ce nouveau commerce qui feroit illusion, ne feroit qu'un changement onéreux de l'ancien.

En voyant les fortunes rapides que feroient tous les Interessés de la Ferme, on se convaincroit aisément que l'accroissement de leur dépense ne feroit point en raison de leurs profits. Elles ne feroient formées que par la réserve des espèces numéraires qu'ils auroient soustraites à la circulation: elles étoient destinées à procurer les objets qu'elles représentoient, mais n'étant point rendues à cet emploi, ils seroient invendus, se détruiroient & cesseroient de renaître, ce qui feroit une perte réelle pour le commerce.

De plus, malgré cette économie destructive, leur dépense feroit très-considérable ; mais réunissant entre un petit nombre les moyens de la dépense d'un très grand, & n'ayant pas la quantité des mêmes besoins physiques à satisfaire, ils ne pourroient le suppléer pour consommer les mêmes objets. Ils prodigueroient en superfluités une grande partie de ce qu'on auroit été obligé de retrancher du necessaire. Il y auroit par ce renversement d'ordre une diminution de dépense utile, & un accroissement de dépense de luxe. Ces deux effets seroient également préjudiciables à la reproduction, & conséquemment aux intérêts du commerce.

TOUTE la proportion necessaire pour la prospérité des trois classes des Citoyens de l'Etat, seroit changée à leur détriment, quoiqu'elle parût faussement augmentée en faveur de celle de l'industrie ; la reproduction diminuant de plus en plus par la diminution des valeurs venales, le revenu s'affoiblissant & s'éteignant en grande partie, l'aisance générale disparoîtroit proportionnellement à ces dégradations : la misère dépeupleroit de même chaque canton ; mais ne le dépeuplant pas dans la même raison qu'elle s'éten-

droit, elle forceroit chacun de retrancher fur fa confommation, ce qui réduiroit le commerce intérieur dans la
plus grande langueur ; tant par les pri-
vations forcées que par l'extinction
des objets fur lefquels il s'exerçoit. Le
commerce général ne feroit que l'é-
change des productions que l'indigence
empêcheroit de vendre, & de confommer fur les lieux où l'on verroit moins
d'argent que de denrées, & moins de
denrées que de confommateurs, & où
conféquemment la difette du premier
formeroit un engorgement onereux
des deux autres.

CET excédent de denrées infuffifan-
tes pour les confommateurs, quoique
trop confidérables pour les moyens de
la dépenfe, compofant tout le commerce, il eft évident que l'emploi
qu'il fourniroit à l'induftrie ne feroit
point à fon avantage : fi elle les dé-
plaçoit à plus grands frais, ce ne feroit toujours que les mêmes objets qui
l'alimentoient auparavant, & elle auroit perdu tous ceux que l'épuifement
des avances de la culture auroit empêché d'exifter. Il n'eft pas douteux que
cet excédent prétendu appartiendroit
aux

aux Entrepreneurs de l'Impôt, puisqu'ils seroient nantis des gages de la livraison ; mais comme ils ne pourroient le consommer en nature , ils l'enverroient dissiper au loin pour obtenir par son échange tout ce qui pourroit satisfaire leurs fantaisies , & prévenir leur dégoût en variant leur jouissance : il s'établiroit donc un grand commerce extérieur pour la consommation du luxe ; mais ces échanges étant composés du nécessaire ravi au grand nombre , ils feroient la suite & la preuve de la misere générale intérieure.

Cependant le Gouvernement pourroit le prendre pour une source de richesses, en se bornant à considerer le grand travail qui se réuniroit dans les ports & sur les grandes routes, sans réfléchir qu'il ne seroit qu'un foible reste de celui que subdivinoit à l'infini, & sans dehors frappants, une consommation rapprochée de la reproduction: quelques manufactures brillantes de colifichets & de superfluités recueillies avec éclat dans les villes, pourroient l'éblouir & l'empêcher de pénétrer qu'elles sont élevées sur les débris

d'une foule d'autres qui étoient épar
ſes & preſque inconnues dans les cam
pagnes. A l'aſpect inſidieux de la petite
quantité de ſalaires, mais tous appa-
rents que cette branche paraſite de l'in
duſtrie repandroit, au lieu de recon-
noitre qu'elle ne doit ſa naiſſance qu'à
l'indigence générale, & qu'elle ne peut
s'étendre qu'avec elle, il pourroit ſe
méprendre au point de la regarde-
comme un moyen d'y ſubvenir.

DANS cette fauſſe prevention il
prendroit des meſures directement op
poſées à ſon véritable intérêt, pour
conſerver des ſalaires qui lui paroî
troient la ſeule reſſource propre à faire
ſubſiſter la foule de mendiants, que
l'étranglement de la circulation & la
diminution de la depenſe (effets néceſſaires de la devolution du numé
raire de toutes les Provinces dans les
coffres de la Ferme) auroient creés,
il croiroit ſa ſageſſe intéreſſée à empê
cher les étrangers de venir les parta
ger : ſes idées & ſes opérations ſe
roient auſſi fauſſes ſur les bénéfices de
reventes.

COMME au phyſique ainſi qu'au
moral, un abyme en invoque un autre.

ces précautions foutenues par la force feule, ne feroient qu'accroître la mendicité au lieu de la diminuer. L'extinction de la concurrence aviliroit encore les prix; il y auroit un moindre nombre d'acheteurs, & les reventes donnant de trop grands profits, les Entrepreneurs du commerce cauferoient par cet effet le même tort à la reproduction que les Entrepreneurs de l'Impôt; ils ne rendroient point à la circulation tout ce qu'ils en recevroient de trop : il refulteroit les mêmes dégradations de leurs bénéfices fupérieurs à leur dépenfe : il s'établiroit une nouvelle proportion dans les prix, dont l'aviliffement feroit de même en raifon inverfe des diftances de l'intérieur du Royaume aux ports de mer. Quoique leur voifinage dédommageât en partie les cantons les plus éloignés de la Capitale, en ouvrant un débouché à ceux qui pourroient en profiter fans frais, les entraves du commerce n'en feroient pas moins une caufe d'épuifement, bien loin d'en être le remède, ainfi qu'on s'en feroit flatté mal-à-propos.

Dès que la mifère produite par les

bénéfices de la Ferme, auroit porté à la faire augmenter par ceux que procureroient les privileges accordes aux agents de ce bouleverfement du commerce, alors l'agriculture du territoire feroit comprimée entre ces deux refforts toujours tendus avec accroiffement de forces pour l'étouffer. La reproduction diminuant avec célérité, toutes les reffources manqueroient en même temps ; l'adminiftration ne feroit plus maitreffe des operations fubféquentes à fon illufion en faveur de la Ferme, & de l'exclufion du commerce. Partagée entre fes befoins & la commifération pour le degré d'épuifement où la plupart des Provinces feroit réduite, toutes fes demarches feroient néceffairement fauffes & deftructives.

Occupée fans ceffe à inventer des moyens pour remédier à tous les maux qui fe découvriroient à chaque inftant, comme elle feroit fans bouffole, & fans guide avec des Impôts indirects, les remèdes qu'elle feroit toujours adminiftrer par l'autorité, ne feroient qu'élargir les bleffures au lieu de les guérir.

AYANT réduit le plus grand nombre à ne vivre que de pain par l'extinction du revenu, dont la portion qui se verſoit à l'induſtrie y entretenoit une aiſance honnête, on créeroit une police particuliere pour forcer de vendre les grains à très bas prix, ce qui acheveroit d'anéantir tout ſalaire, & ne réuſſiroit qu'à faire mourir de faim ceux qu'on auroit voulu nourrir à bon marché.

POUR ménager quelques manufactures que le bas prix des denrées auroit attirées, & dont l'exiſtence découvriroit la miſere des lieux qu'elles auroient choiſis : enchanté de la ſubſiſtance étroite & précaire que la foible retribution de leur main-d'œuvre procureroit à un petit nombre de Citoyens, on refuſeroit d'ouvrir les débouchés que la nature leur a ménagés; on n'y verroit que le danger de perdre ces établiſſements illuſoires ; on ſe donneroit bien de garde de les ſacrifier au rétabliſſement d'une Province entière, dont par cette raiſon elles ſeroient le fléau, puiſqu'on la condamneroit à en reſter la victime.

A meſure que la Ferme, tant par

elle-même que par les effets, dont elle
feroit le principe, diminueroit la reproduction, elle tariroit les sources
qui fournissoient les reprises, ainsi que
celles des autres Impôts indirects, s'il
en existoit avec elle; la diminution du
revenu public feroit ainsi la juste pu-
nition de l'erreur, qui auroit presque
détruit le revenu général; mais les besoins de l'administration ne lui per-
mettroient pas de s'y soumettre.

ELLE chercheroit à ouvrir de nouveaux canaux pour tâcher de leur faire
suppléer ce que les anciens verseroient
de moins dans le trésor public; mais
ce ne feroit point dans les Provinces
énervées, & qui auroient succombé
sous le fardeau, que la tentative pourroit réussir.

LA partie des Impôts anciens qu'on
pourroit faire refluer sur ces Provinces,
dont les avances de la culture auroient
été conservées par leur position, qui
les auroit fait participer plus fructueu-
sement à la dépense & aux prix de la
Capitale, y causeroit une surcharge,
qui équivaudroit à un nouvel Impôt.
Ce rejet permettroit d'autant moins d'y
établir d'autres Impôts, qu'il suffiroit

feul pour les miner promptement, &
pour contraindre de reunir fucceffivement dans un circuit, qui chaque année deviendroit plus étroit, le taux
des cantons qui auroient fuccombé;
par ces rejets progreffifs les Impôts fe
doubleroient, tripleroient, & au delà,
quoique le Gouvernement les regardât
permanents, & quoiqu'il n'en vît jamais augmenter les produits.

POUR remplacer le vuide de ceux
de la Ferme, qui, comme les autres Impôts arbitraires, ne font pas fufceptibles de rejets, il n'y auroit que la Capitale qui préfenteroit des reffources.
Son opulence pécuniaire feroit bien
propre à éblouir des efprits qui fe feroient habitués à ne plus voir les richeffes de la Nation que dans fon numéraire, ainfi que fon revenu dans les
profits de l'induftrie, & à deifier le
commerce, en même temps qu'ils fe
concerteroient pour le detruire. Sa dépenfe prodigieufe infpireroit naturellement l'idée d'augmenter les taxes de
fa confommation. On s'empreffeoit
de la réalifer en fe flattant de pouvoir recueillir chez elle ce qu'on auroit perdu dans les Provinces; mais

cette reſſource illuſoire ralentiroit en
core le retour des eſpeces du centre à
la circonférence ; cette derniere at
teinte de l'erreur mettroit le combl
au déſordre.

ELLE le feroit ſentir juſqu'aux car
tons les plus reculés, en y créant ſub:
tement un nouvel aviliſſement des va
leurs venales. L'Impôt iroit peſer ſu
eux avec la même force que s'ils l
payoient réellement, ou plutôt s'éter
dant ſur tous les prix de leur conſom
mation, il coûteroit infiniment plu
que toutes les ſommes procurées *fict.
rement* au Souverain.

EN effet, en épuiſant toutes ces re
ſources deſtructives pour ſoutenir ſo
revenu au même taux au milieu des ru
nes de ſon Etat, cette derniere qui n
feroit fournie que par un grand ren
chériſſement de la dépenſe dans la Ca
pitale, renchériroit peut-être la ſienn
d'une ſomme plus conſidérable qu
celle qu'on lui procureroit par le pro
duit de taxes exorbitantes ſur les cor
ſommations. Reſidant lui-même dan:
cette Capitale, il en feroit ſans dout
le plus grand conſommateur ; conſé
quemment les droits levés ſur ſa dé

pense fourniroient le plus grand produit de l'Impôt, dont la portion qu'il
payeroit, équivalant à peine à celle qu'il
en retireroit, rendroit nul ce faux
revenu.

QUAND on feroit réduit à cette extrémité, lorfque l'abus de ce dernier
moyen feroit à fon comble, il feroit
impoffible de pouvoir augmenter aucun Impôt utilement pour le Souverain ; ils diminueroient tous au contraire fenfiblement : en vain on auroit
l'imprudence de defirer de les accroître, la difficulté du recouvrement des
anciennes impofitions forceroit d'être
très circonfpect. Elle feroit une leçon
même très difpendieufe.

LES befoins de l'Etat ne pouvant fe
prêter à la lenteur du paiement des
contribuables réduits à la plus affreufe
indigence, on feroit obligé de traiter,
pour toucher le montant de l'Impôt, à
des termes fixes, en tenant compte des
retards de fon paiement par un intérêt des avances qu'on accorderoit à
ceux qu'on chargeroit de les faire.
Ces intérêts étant payés fur fon produit, ils en feroient une diminution:
le motif qui contraindroit de la fouffrir

s'opposeroit à la prétention d'accroître des charges pour lesquelles on reconnoîtroit à les dépens l'insuffisance des forces de ceux qui les supporteroient.

CETTE première opération seroit un véritable emprunt : elle commenceroit à ouvrir l'abyme dans lequel les profits des Entrepreneurs de la Ferme acheveroient de précipiter la Nation après l'avoir amenée par la ruine successive de la reproduction, à n'avoir plus en sa puissance que ce funeste expédient.

ON en feroit sans doute le premier usage dans une guerre où l'on voudroit développer les forces de l'opulence quoiqu'elles n'eussent pour appui que les foibles efforts de Provinces abattues & dépeuplées. L'excès de la dépense des chefs de la Ferme & de leurs Sous-Employés, deceleroit aisément que la plus grande partie du numéraire de la Nation seroit entre leurs mains ; mais l'argent accumulé dans leurs coffres, ne seroit plus au pouvoir de l'État, comme il l'auroit été s'il eût continué de circuler par le canal du revenu territorial. La force essaieroit en vain de l'en faire sortir ; elle

échoueroit vis-à-vis d'un capital pécuniaire, qui ne reconnoît plus de maître, & qui peut faire la loi au besoin,
bien loin de la recevoir. Ce ne seroit
point par un acte d'autorité, mais par
un marché, dont l'intérieur prescriroit
les conditions, que le Souverain pourroit obtenir les secours indispensables
que les dépenses de la guerre exigeroient. La nécessité le contraindroit
ainsi de racheter les dépouilles de ses
sujets, au prix que la cupidité voudroit
les porter. Ce premier pas une fois
franchi, le Gouvernement ne seroit
plus le maître de la marche, pour peu
que la guerre durât : un premier emprunt en nécessiteroit d'autres toujours
plus considérables ; car leurs intérêts
feroient un surcroît de dépense : le déplacement de celle qu'occasionneroient
les armées, ralentiroit le recouvrement des Impôts, & diminueroit encore leurs produits ; ainsi on seroit
forcé d'augmenter successivement la
somme des emprunts en raison de l'augmentation de leurs intérêts, & de la
diminution nouvelle du revenu public.

QUELQUES victoires qu'on eût
remportées, quelques Provinces mé-

me qu'on eût conquises, la puissance
de l'Etat seroit affoiblie, si ce qu'elles
produiroient à l'Impôt étoit insuffi-
sant pour payer les intérêts des emprunts que leur conquête auroit fait
contracter. En reculant les frontie-
res, & en dominant sur un plus grand
territoire, l'Etat n'en seroit pas plus
puissant si la contribution du Pays soumis ne faisoit que payer la dépense
qu'il auroit coûté à acquérir. Mais si
la guerre avoit été malheureuse, dans
quel état d'énervation se trouveroit-
on à la paix ? On seroit doublement
affoibli : savoir par la perte du revenu
des Provinces dont l'ennemi se seroit
emparé, & par la charge des intérêts
qui resteroient à payer sur le revenu
diminué.

Mais que l'on considère les évènements ordinaires de la guerre qui, après
avoir épuisé également les Puissances
belligérantes, les rétablissent chacune
à la paix dans leurs anciennes bornes ?
Dans cette position on s'applaudiroit
en vain d'avoir sauvé toutes ses possessions ; ce qu'on se seroit engagé de
distraire chaque année sur le revenu
du Souverain en faveur des créan-

ciers de l'Etat, équivaudroit, pour la diminution de la puiſſance, à la perte d'un nombre de Provinces dont les Impôts ne rendroient qu'une ſomme égale à celle que lui raviroit par la ſuite le paiement annuel de l'intérêt des emprunts.

EN vain on ſe feroit engagé ſolemnellement à ſupprimer les nouveaux Impôts qu'on auroit établis pour payer une partie des dépenſes de la guerre ; la religion du ſerment, & la commiſération pour les Provinces qui auroient le plus ſouffert du deplacement des depenſes, auroient beau reclamer le ſoulagement promis & eſpéré, la néceſſité contraindroit de les continuer pour payer les interêts qui, comme nouveaux profits accordés aux Chefs de la finance, augmenteroient le déſordre de ceux qu'ils continueroient à trouver dans la Ferme.

ON lutteroit au moins pendant la paix contre cette nouvelle dégradation, mais chaque guerre creuſeroit le précipice : plus on feroit pauvre, & plus il faudroit abuſer des emprunts, qui deviendroient bientôt les ſeules reſſources de la guerre.

Ils deviendroient même bientôt né-ceſſaires pendant la paix, lorſque la maſſe des intérêts ſeroit devenue ſi exorbitante qu'on ne pourroit les payer que par de nouveaux emprunts repetés chaque année. Dès que l'on ſeroit parvenu à cet excès de déſordre, le Souverain ſe trouveroit accablé ſous le poids des chaines qu'on l'auroit engagé à ſe forger lui-même ; ſon autorité ne pourroit plus diriger ſes opérations. Toujours dans la dépendance de l'opinion qui meſureroit ſon crédit, il faudroit qu'il tint une conduite enveloppée & circonſpecte, de peur de lui laiſſer porter la moindre atteinte, car il formeroit pour ainſi dire toute ſon exiſtence. Dès-lors la ſcience des finances ne ſeroit plus que l'artifice des emprunts. On s'appliqueroit à en varier les formes, afin d'aiguillonner la cupidité par de nouveaux attraits, & de diſtraire l'attention ſur la maſſe énorme des dettes qu'on accumuleroit. Mais cette conduite dirigée par la ſubtilité ne pourroit réuſſir qu'en offrant de gros intérêts, ce qui ſoutenant le fur naturel de l'argent trop haut, cauſeroit un préjudice conti-

muel à toutes les autres opérations
œconomiques.

POUR les avances, l'induſtrie exigeroit une rétribution ſuivant ce tur forcé ; elle ſe priveroit par là de l'avantage de pouvoir ſoutenir la concurrence étrangere : ce feroit un nouveau
motif de favoriſer l'excluſion, un nouvel appui du monopole, & par conſéquent une nouvelle cauſe de dégradation.

LA claſſe cultivatrice feroit bien
éloignée de pouvoir reparer le dépériſſement de ſes avances. L'anéantiſſement de la dépenſe, & la diminution des valeurs vénales ne pourroient
rendre un intérêt ſuffiſant des ſommes
qu'on haſarderoit de verſer ſur elle.

LES Propriétaires eux-mêmes refu-
ſeroient de rétablir les richeſſes d'exploitation : quand ils ne verroient pas
que la miſere rendroit infructueux
leur emploi, ils auroient au moins la
crainte de les voir ravir une feconde
fois par les Impôts arbitraires, ainſi
qu'ils les auroient abſorbés la premiere.
Ils ſe joindroient eux-mêmes aux créanciers de l'Etat, en portant leur petit
pécule dans le gouffre des emprunts

publics : ils y seroient invités par l'espoir d'y trouver une aisance que leurs
domaines ne pourroient plus leur procurer.

LA portion de leurs intérêts dans
la masse des dettes publiques, jointe
au prix des denrées que l'excès des
droits de la Capitale auroit bien diminué, composeroit la petite quantité
du numéraire qui circuleroit dans toutes les Provinces du Royaume. Tout
le reste seroit concentré dans la Capitale, où il n'auroit qu'une circulation stérile, & même ruineuse.

L'ARGENT ne pouvant plus partir
du point fixe du revenu territorial
pour parcourir les trois classes de la
Société sans s'arrêter chez aucune d'elles, de n'y servir par-tout que de
gages pour distribuer complettement
toute la reproduction annuelle, & de
revenir tout entier à l'agriculture pour
la faire renaître, il s'établiroit un nouvel ordre de choses.

LE trésor royal rempli par les emprunts représenteroit à son détriment
la classe productive. Les Rentiers de
l'État & les Entrepreneurs de la Ferme tiendroient la place de la classe

propriétaire, qui, après l'avoir détruite, répandroient comme revenu, non-feulement les intérêts qu'ils recevroient & le peu de produit net de la culture fur laquelle ils auroient acheté du Souverain un droit de propriété préférable à celui des Propriétaires eux-mêmes ; mais encore une partie des richeffes d'exploitation dont les derniers fe feroient emparés.

En fortant de leurs mains l'argent ne fe diftribueroit point également entre les claffes cultivatrice & mercenaire ; la feconde en recevroit la plus grande quantité : celle-ci, corrompue par le luxe, obferveroit dans fa dépenfe la même inégalité de diftribution. Sur la petite portion qui feroit confacrée à regret à la confommation des reproductions, il en feroit arrêté la majeure partie aux portes de la Capitale pour payer les droits énormes fur la confommation : cette barriere l'empêchant de refluer dans les campagnes, elle diminueroit encore la réciprocité du verfement du numéraire que les trois claffes doivent fe faire.

Mais comme ce feroit les emprunts

qui ferviroient à renouveller le jeu de la circulation, l'économie fur les falaires de la claffe ftérile trop confidérables, & fupérieurs à la dépenfe, celle que la claffe financière feroit fur fes profits, & fur l'intérêt de fes prêts, ferviroient à fournir ces nouveaux emprunts, qui en répandroient les fommes dans la même forme que l'année précédente.

PAR ce nouvel ordre qui ne feroit qu'un vain fimulacre de celui qui foutenoit l'État dans fa profpérité, on voit que tout le jeu de la circulation fe réduiroit à faire partir l'argent du tréfor royal, à le porter avec profufion à l'induftrie pour y circuler entre l'Artifte, le Doreur, le Marchand de modes, & pis encore, à aller jufqu'aux portes de la ville pour s'y faire arrêter ; enfin à reparoître pour la plus grande partie entre toutes les différentes mains comme capital, pour être reporté comme prêt dans le même tréfor royal d'où il reffortiroit avec promptitude pour favorifer le même défordre.

TANT que les chofes pourroient fe foutenir fur le même ton, le Public jouiroit dans la plus grande fécurité, du dehors impofant du luxe qu'il regarderoit comme l'étalage d'une opulence inépuifable.

MAIS le Souverain, en groffiffant ainfi tous les ans la fomme des intérêts, parviendroit enfin à furcharger tellement fon revenu, qu'il fubftitueroit à fa place les chefs de la finance, & les autres créanciers de l'État, comme il les auroit, fans le favoir, fubftitué lui-même à celle de tous les Propriétaires.

HEUREUSEMENT avant de toucher à cette dernière extrémité, il feroit impoffible que les yeux ne commençaffent pas à s'ouvrir ; quelques fauffes manœuvres fouleveroient le bandeau qui les couvroit. La réflexion feroit entrevoir la lumière qu'il leur auroit dérobée depuis fi long-temps ; la confiance auffi-tôt fe ralentiroit. Dès-lors la circulation factice de l'argent n'auroit plus le même jeu, quoiqu'on en poffédât la même maffe. Tout le monde fouffriroit ; le cri général feroit faire de nouveaux progrès à la lumière qui découvriroit enfin que le crédit public, & l'opulence pécuniaire de la Capitale, n'étoient que deux phantômes dangereux qui se sont évanouis dès qu'on a osé fixer sur eux des regards pénétrants.

DANS quelle surprise, & dans quel abattement cette découverte trop lente de la vérité laisseroit-elle tous les esprits ? Les créanciers de l'Etat verroient que leur porte-feuille ne renferme qu'une fortune illusoire, sur le sort de laquelle ils seroient dans l'inquiétude la plus grande, & la mieux fondée ; ils regretteroient bien de n'avoir consulté que leur goût pour les dépenses de luxe, & de s'être livrés inconsidérément à une confiance aveugle. La raison feroit diminuer le prix des créances que l'opinion seule avoit soutenues. La perte réelle de la moitié des capitaux que la crainte établiroit sur leur vente, leur sembleroit un présage effrayant d'une pareille diminution sur leurs intérêts.

LES Propriétaires de l'argent n'osant plus profiter du débouché des emprunts publics, se convaincroient qu'il n'est point une richesse reproductive ; qu'après avoir fait la loi, ils seroient obligés de la subir à leur tour,

& qu'il ne leur resteroit d'autre alternative que de l'épuiser par leur
dépense en le laissant oisif dans leurs
caisses, dans lesquelles il ne pourroit
se reproduire, ou de le porter à la terre
à laquelle ils l'ont ravi, mais qui ne
leur ouvriroit son sein qu'à condition
qu'ils renonceroient au luxe qui l'a
contrainte de le fermer.

Ce seroit le Souverain sans doute
qui se trouveroit dans la situation la
plus malheureuse : surchargé du poids
énorme des dettes de l'Etat, & presque sans revenu, de quelque côté
qu'il promenât ses regards, ils ne seroient frappés que par les objets les
plus douloureux. Sur presque tout son
territoire en friche, il verroit une
foule de mendiants désoler une foible population réduite au simple nécessaire physique, des maisons en rui-
nes, de maigres bestiaux épars, des
hommes languissants au sein de la pa-
resse ; tout lui peindroit la misère la
plus affreuse. En examinant la situation des choses, & en suivant les degrés qui ont conduit à ce terme,
il distingueroit aisément que la source
de tous les maux a été l'Impôt indi-

rect ; que la dégradation a été accélérée par la perception mise en ferme, dont les profits pécuniaires ont changé l'ordre des consommations ; ainsi que celui de la circulation, que l'avilissement progressif des valeurs vénales a commencé par restreindre le revenu, & que bientôt il l'a anéanti.

En suivant le fil des ravages de l'Impôt, il sentiroit qu'après avoir absorbé toute la portion disponible de la reproduction, il en a entamé les avances, ce qui a dû être bientôt suivi de leur épuisement. A mesure que le vuide dans les productions renaissantes s'est étendu, le produit des anciens Impôts a diminué ; ainsi leurs effets nécessitoient de les augmenter : ce parti forcé étoit bien éloigné de rendre ce qu'on attendoit, ou du moins si l'espoir n'étoit pas trompé dans les premiers moments, bientôt la dévastation qu'on aggravoit, forçoit de recourir à de nouvelles ressources, qui toujours employées suivant les formes vicieuses accoutumées, étoient aussi onéreuses & aussi destructives.

IL reconnoîtroit qu'une conduite

aussi désordonnée a dû réduire naturellement à la nécessité des emprunts,
dont la funeste facilité a dû mettre rapidement le comble au désordre. C'est
ainsi qu'en partant de l'Impôt indirect,
sur-tout en ferme, il parcourroit avec
sûreté & avec évidence, toutes les
différentes périodes de la ruine du
Royaume, & de l'énervation de sa
puissance. Toutes les autres erreurs de
l'administration se montreroient à ses
yeux comme des conséquences justes
des faux principes qu'on avoit malheureusement adoptés.

En voyant qu'on a épuisé toutes
les inventions de l'esprit fiscal, il se
convaincroit qu'il est impossible de
pouvoir augmenter leur produit : il
sentiroit même la nécessité de changer les formes vicieuses de la perception ; il pourroit aller jusqu'à appercevoir les avantages qui en résulte-
roient, tant pour l'augmentation actuelle de son revenu, que pour son
accroissement futur, qui seroit le fruit
de la régénération des richesses du Territoire. Cette entreprise ne pourroit
être que l'opération d'une fermeté hé-
roïque ; mais l'accablement & l'incer-

titude font peu propres à produire
un acte de vigueur. On n'auroir aucune notion précife des reffources
qui fubfifteroient encore : on trouveroi
mille difficultés fur les moyens d'er
faire ufage. Elles feroient multipliées
par la réfiftance des Grands, qui auroient négligé de fe convaincre que
leur ruine n'a eu d'autre caufe que
les Impofitions indirectes ; ils s'oppo
feroient à leur réforme, parce qu'il
ne feroient point affez éclairés pour y
voir le rétabliffement affuré de leu
ancienne opulence. Le crédit acqui
par les richeffes pécuniaires, lefquel
les feroient malheureufement parve-
nues à procurer de la confidération
& peut-être exclufivement , feroit for
mer de nouveaux obftacles par ceu
que le défordre enrichiffoit. Enfin l
paffage de l'ancienne forme à la nouvelle, intimideroit, quelque certitude
qu'on eût de l'abondance avec laquelle fourniroit un feul canal direct
dans lequel on réuniroit toutes le
eaux que verfoient les autres canaux
même celles qu'ils dépenfoient, ainf
que celles qui s'y extravafoient, & fur
tout en rouvrant la fource prefqu
comblé

comblée qui les fournissoit, on redou-
teroit le trouble que pourroit caufer
un feul inftant de fufpenfion de fon
cours, dont rien ne fembleroit garantir la conftante rapidité, du moins
pour le commencement.

TEL feroit l'état de foibleffe & de
perplexité auquel conduiroit infailliblement l'Impôt indirect. Comme on
s'étoit propofé d'abord de ne le
confidérer que comme Impôt permanent, il fembleroit que la progreffion
du dépériffement qu'on vient de développer feroit prématurée, & qu'elle
feroit plutôt l'effet de l'Impôt furvenant. Mais cette opinion s'évanouit
lorfqu'on réfléchit que le changement
dans l'ordre des dépenfes, & dans ce-
nui de la circulation opéré par les profits que donne l'Impôt même permanent, dont la perception eft mife en
traité de Ferme, lui communique toutes les influences deftructives de l'Impôt furvenant. (9)

---

(9) PUISQUE c'eft par le dérangement dans
l'ordre des dépenfes que les profits de l'Impôt
indirect en ferme le rendent deftructeur ; il eft
évident qu'il doit réfulter les mêmes effets de

G

En effet, il n'est aucune différen
entre imposer chaque année une no

---

la résidence des grands Propriétaires dans
Capitale ; en s'y réunissant avec les chefs
la Ferme pour y dépenser leur revenu lo
de leurs domaines, ils y attirent toutes l
soumissions pécuniaires de leurs Fermiers,
n'en renvoient que la portion qui peut pay
les denrées susceptibles du transport, enco
en répandent-ils en chemin une partie po
les frais de voiture, laquelle ne retourne poi
aux cultivateurs de leur terrein. Ils contribue
donc à avilir les valeurs vénales de leurs pr
ductions, tant par ces opérations dispendieus
qu'ils nécessitent, que par la réserve de la **pa**
tie des soumissions qu'ils dépensent dans l
lieux de leur séjour, en les remettant aux C
lons voisins, lesquels les retirent sans l
avoir fournies, & qu'ils enrichissent ainsi
ruinant de sang froid leurs propres Fermier.

Les pertes que l'État doit en souffrir se
roient bien considérables avec une telle con
duite, mais ils les aggravent encore en
prêtant au délire du luxe, dont l'exemple n
peut manquer de les séduire ; ainsi ils doiver
forcer leur dépense en superfluités au détri
ment des consommations utiles, & prostitue
au luxe la plus grande partie de ces soumi
fions, qui ne servant point à obtenir la livrai
son des objets pour laquelle seule elles on
été fournies, ils restent invendus & s'anéan
tissent bientôt. Toutes ces pertes auxquelle
ils se soumettent gratuitement, font autant d
tort à l'État que les profits de l'Impôt indiret

telle charge fur le revenu, ou même fur les reprifes de la culture, & refferrer fucceffivement le premier & les fecondes par la diminution du prix des ventes, ainfi que par celle de la confommation. Or ce dernier effet eft la fuite naturelle & funefte de l'Impôt indirect permanent, mis en ferme. C'eft donc, à jufte titre, qu'on lui a attribué tous les ravages progreffifs de l'Impôt furvenant. Après avoir expofé l'ordre & la gradation du dépériffement, c'eft dans l'examen des effets de l'Impôt furvenant, qu'on va découvrir le degré de vîteffe avec lequel il doit s'opérer.

COMME les effets de l'Impôt furvenant doivent être différent, fuivant qu'ils attaquent plus ou moins les avances de la culture, il eft indifpenfable pour pouvoir les apprécier, de favoir diftinguer, lorfqu'il furvient un Impôt

---

en ferme, & pendant qu'ils font les plus grands efforts pour s'oppofer à l'Impôt direct, ils s'en impofent eux-mêmes directement un plus onereux que celui qu'on pourroit exiger d'eux en faifant de la Capitale un gouffre, & en y concentrant toute la dépenfe de la Nation.

indirect, quelle en eſt la quotité qui
porte ſur la claſſe cultivatrice , ſur
quelle ſorte de cultivateurs , & ſur
quel genre de culture elle ſe diſtribue.
Il faut non-ſeulement réunir toutes ces
différentes connoiſſances ; mais encore
il faut être inſtruit exactement de l'é-
tat actuel de la reproduction générale ,
de ſa proportion avec le revenu , & du
degré de rapport qui exiſte entre les
trois claſſes de la Société. Ces trois
baſes de calcul peuvent varier à l'infini , & fournir différentes données ;
car , à moins qu'on ne ſoit aſſuré de
leur juſteſſe par les recherches les
mieux ſuivies, & par les découvertes
les plus exactes , tous les réſultats de
calcul ne peuvent être qu'incertains ,
quoique très vrais dans toutes les poſitions ſuppoſées.

POUR développer des principes qui
ſont indépendants de ces différentes
poſitions , puiſqu'elles ne font qu'en
varier les applications, on conſidérera
toujours le Royaume choiſi pour
exemple , & dans ſon état de proſpérité. On ſentira aiſément que tous les
réſultats que donneront les calculs, ne
feront dans tous les cas ſuppoſés que

des points de proportion qui peuvent s'adapter à toutes les positions possibles.

On a tâché de démontrer dans la première Partie, que toutes les Impositions indirectes, sous quelques formes qu'elles fussent variées, se réduisoient à de simples taxes personnelles qui pouvoient se partager inégalement sur les trois différentes classes.

1°. Si elles s'y distribuoient avec égalité, par l'indemnité que doit, & fait se faire accorder la classe mercenaire par les deux autres qui la soudoyent, elles devroient retomber par moitié sur ces deux-ci, puisqu'elles payeroient leur propre taxe qui seroit égale, & qu'elles indemniseroient chacune l'industrie, de la moitié de la sienne, en consommant la moitié de ses productions.

2°. En supposant que les Impôts se concentrassent dans les villes, sans se répandre sur les campagnes ; alors la classe cultivatrice n'en supporteroit qu'une très petite portion, savoir, le renchérissement qu'elle seroit obligée de payer pour le peu d'objets que l'industrie des villes fournit à ses besoins ;

ils retomberoient presqu'en entier su[r]
la classe propriétaire qui les payeroi[t]
tant sur sa dépense en denrées, qu'e[n]
augmentation des prix de l'industrie de[s]
villes qui n'existe presque que pou[r]
elle.

3°. Si les taxes étoient sur les consommations, & les renchérissoient de
la quotité des droits, la classe propriétaire en payeroit les deux tiers ; car le
revenu étant égal aux avances de la
culture, celui-là se dépense tout entier
en achats, tandis que la moitié de celles-ci est consommée par les cultivateurs en nature ; or cette moitié ne fourniroit rien à l'Impôt ; il n'y auroit que
la dépense de l'autre qui seroit renché-
rie, donc la classe propriétaire payeroit le double de la cultivatrice ; donc
celle-ci ne supporteroit que le tiers du
nouvel Impôt.

4°. Dans le cas de droits sur les consommations, les choses peuvent changer entièrement de face. S'ils avilis-
soient les prix, au lieu de les renchérir, l'Impôt retomberoit alors tout entier sur la classe cultivatrice.

Il est évident que l'Agriculture se
trouveroit plus ou moins surchargée,

uivant les différentes combinaisons de
ces Impôts indirects ; c'eſt pourquoi
le premier pas à faire, eſt de ſaiſir le
plus prochain rapport que doit avoir
tout Impôt indirect ſurvenant avec les
quatre principales modifications qu'on
vient d'expoſer.

MAIS, lorſqu'on auroit diſtingué la
portion qui en retomberoit ſur la claſſe
cultivatrice, on ne pourroit parvenir
encore à découvrir la déprédation qu'il
feroit des avances de l'agriculture,
qu'après avoir reconnu dans quelle
proportion il doit ſe diſtribuer ſur les
différents genres de culture, ainſi que
ſur les différentes claſſes de cultivateurs.

N'AYANT eu beſoin dans la première Partie, que de faire ſentir la néceſſité des richeſſes d'exploitation, &
de démontrer que ce n'étoit qu'à leur
exiſtence qu'un Royaume devoit la reproduction de ſon territoire, on s'eſt
contenté de préſenter ſous une maſſe
commune la proportion qui doit exiſter entre les avances annuelles & les
primitives par une quotité quelconque. Cependant il s'en faut bien que
chaque genre de culture ait beſoin

d'être fecondé par ces deux avances réunies dans une raifon égale.

LA charrue exige que les primitives foient quintuples des annuelles pour une exploitation opulente ; mais les vignes, le jardinage, les pêches & les mines ne demandent que très peu des premières, tout leur produit n'étant prefque que le fruit des fecondes ; au contraire, il faut très peu de celles-ci pour faire valoir les prairies & les étangs ; tout y dépend de groffes avances primitives, le produit des unes étant établi fur un grand fonds de beftiaux, & celui des autres fur des renouvellements & des réparations fort difpendieux. C'eft en confondant toutes ces différentes cultures, qu'on a établi que leurs avances devoient exifter enfemble dans une raifon quadruple pour les primitives fur un territoire affez fécond, & fitué fous un climat affez favorable pour réunir toutes ces différentes productions dans une proportion convenable pour le bien-être général d'une nombreufe population.

QUELLE que fût la portion de l'Impôt indirect furvenant qui tomberoit fur la claſſe cultivatrice, elle feroit ſans doute priſe ſur le produit net que doivent donner ces différents genres de biens (10).

Si leurs Cultivateurs en étoient les propriétaires, ou ſi les Cultivateurs fermiers étoient autoriſés par des loix ſages, à rejetter ſur les Propriétaires, en déduction de leurs baux, le taux de la charge imprévue qu'on leur impoſe, dans ces deux circonſtances, l'Impôt laiſſeroit d'abord toutes les avances intactes, n'étant payé que ſur le produit net ſur lequel il ſe répartiroit auſſi-tôt ; &, quoique ſurvenant & imprévu, il n'influeroit que comme un Impôt indirect ancien.

Cependant malgré ces diſpoſitions la diminution de l'aiſance n'étant pas toujours accompagnée du goût de l'économie, il arriveroit enfin, lorſque l'Impôt prendroit trop ſur le revenu,

---

(10) Il faut cependant excepter les pêches & les mines qui ne donnent point de produit net ; car il ne faut point qualifier de ce titre la rétribution gagnée par leurs Entrepreneurs : elle n'eſt que l'intérêt de leurs avances, & qui leur eſt légitimement dû pour leur entretien & leur ſubſiſtance, ainſi que pour ceux de leur famille.

que les Propriétaires cultivateurs ne
voudroient pas confentir à diminuer
leur dépenfe particulière, au point
qu'on auroit peut-être la prétention ri-
goureufe de vouloir la réduire ; alors,
pour fatisfaire leur goût, ils prendroient fur les avances de leur exploitation ; ils économiferoient fur les frais
de la culture pour appliquer à leur
jouiffance ce qu'ils auroient fu épar-
gner fur leurs travaux ; mais cette économie fur la dépenfe de la culture, diminueroit proportionnellement la reproduction de l'année fuivante ; ce
vuide feroit un nouveau motif d'économie; au contraire, le goût de dépenfe
qui en feroit la caufe, prédomineroit
encore pour l'accroître, en détournant
ainfi pour leur dépenfe privée une
partie des reprifes confacrées aux frais
de la culture ; les Propriétaires cultivateurs rejetteroient eux-mêmes fur
leurs avances toute la charge du nouvel Impôt ; par cette conduite, ils lui
feroient détruire chaque année une
quotité de reproductions proportionnelle à celle des richeffes d'exploitation qu'ils auroient détournées de leur
deftination, de forte qu'ils communi-

queroient eux-mêmes à un Impôt furvenant qui auroit pu n'être que comme
un Impôt indirect ancien, les influences deſtructives d'un Impôt anticipé.

QUAND la plus grande ſageſſe reſ-
treindroit les dépenſes ; à meſure qu'un
Impôt furvenant diminueroit l'aiſance,
il feroit cependant un terme où ſes leçons ne pourroient plus être écoutées,
ni ſuivies ; ce feroit celui où les Impôts indirects feroient portés au point
d'abſorber tout le produit net.

DANS cette extrémité, il n'exiſte-
roit plus de revenu ; cependant les Propriétaires ne pourroient pas s'en paſſer ;
ils forceroient leurs Fermiers à leur en
former un fur les intérêts de leurs avances, où ils prendroient eux-mêmes
leurs places pour pouvoir ſubſiſter ſur
ces mêmes intérêts. En adoptant l'un
ou l'autre de ces deux partis, ils dé-
tourneroient de leur deſtination ces intérêts conſacrés, partie à l'entretien
des avances primitives, & partie à remplir le vuide des mauvaiſes récoltes.
Celles-là ſe dégraderoient ; & pour
faire face à celles-ci, il faudroit prendre fur le fonds des richeſſes d'exploitation, ce qui commenceroit à antici-

par la reproduction future : donc l'Impôt simplement indirect auroit nécessairement l'effet d'un Impôt anticipé.

POUR parvenir à ce dernier terme, il ne feroit pas befoin d'établir beaucoup de nouveaux Impôts, ou d'accroître les anciens, fi ceux-ci font tellement difpofés, qu'ils caufent un dérangement dans l'ordre naturel des dépenfes ; ils peuvent y conduire, fans qu'on s'en apperçoive, par l'aviliffement des prix, qui eft la fuite de ce défordre ; il s'enfuivroit, comme on vient de le voir, que les denrées qui ne pourroient être tranfportées , perdroient fuceffivement de leur valeur, jufqu'à ce que leur vente ne reftituât plus tous les frais de leur culture ; ce qui équivaudroit à un raviffement d'une partie des avances de leur exploitation ; en contraignant par là à la diminuer, ils auroient l'influence véritable de l'Impôt anticipé.

CET évènement étant l'effet propre des trop grands bénéfices accordés fur la perception d'Impôts mis en ferme, fous cette forme déréglée, l'accroiffement de leur dégradation équivaut, fans qu'on les augmente, non-feuletent à un Impôt furvenant, mais il les rend bientôt Impôts anticipés.

SANS cet intervertiffement dans l'ordre des dépenfes, néceffité par les profits des Chefs de la finance, il faudroit des crifes bien confidérables, avant que les Impôts indirects fuffent portés au point d'abforber tout le produit net, & de réduire tous les Propriétaires à ne pouvoir fubfifter que fur les avances de la culture, & fur leurs intérêts ; l'erreur, tout au plus, pourroit attaquer une denrée particulière, & la furcharger, jufqu'à l'anéantir ; mais ce ne feroit que pour elle feule que l'Impôt auroit été anticipé : il auroit été fimplement indirect pour toutes les autres dont la reproduction refteroit la même, puifqu'on n'en dérangeroit pas l'ordre, fuivant les loix de la nature, en ne portant aucune atteinte aux richeffes d'exploitation.

IL faut bien obferver que l'on fuppofe ici que les Propriétaires feroient eux-mêmes cultivateurs, ou que les Fermiers auroient le droit de rejetter fur les Propriétaires toute la charge d'un Impôt indirect furvenant ; mais cette fuppofition eft gratuite ; auffi ne

l'a-t-on adoptée que pour un inſtant,
afin de montrer que dans cette poſition
même qui ſeroit la plus favorable, un
Impôt indirect pourroit devenir Impôt
anticipé, ou en produire les effets;
mais cette fiction s'évanouit, lorſqu'on
conſidère les arrangements ordinaires
de la Société. Preſque tous les fonds
cultivés par la charrue, une grande
partie de prés, & beaucoup de vignes
ſont donnés à ferme par des Actes ju-
ridiques qui lient réciproquement les
Fermiers & les Propriétaires pour un
certain nombre d'années. Les conventions naturelles de tous ces différents
marchés ſont de borner les repriſes des
Fermiers à leurs avances annuelles, à
leurs intérêts & au montant des Impôts indirects connus : tout le reſte eſt
le produit net qui eſt réſervé aux Propriétaires ſous le titre du prix des baux,
& forme leur revenu.

Pendant la durée de ces différents
marchés, la loi qui en garantit l'exécution, ſeroit évidemment violée par une
autre qui obligeroit les Fermiers à
payer plus d'Impôts qu'ils ne s'y ſont
engagés ; celle-ci ſeroit auſſi contradictoire de la première, que ſi elle au-

brifoit les Propriétaires à accroître à leur volonté le prix de leurs baux, pendant que celle-là veilleroit fans ceffe, pour que toutes les conventions en fuffent obfervées réciproquement avec l'exactitude la plus fcrupuleufe.

CEPENDANT un Impôt indirect furvenant, dont une partie tomberoit aux charges des Fermiers, feroit précifément cette loi contradictoire de la première loi confervatrice ; mais elle ne bleferoit point impunément la foi du traité par lequel le Fermier s'eft engagé avec le Propriétaire, & l'ordre phyfique de la reproduction, car on feroit auffi-tôt la victime de cette conduite injufte. En effet, la part des Fermiers ayant été reftreinte à la feule quantité de la reproduction néceffaire pour la faire renaître, tout ce que l'Impôt pourroit leur enlever, feroit néceffairement une diminution de cette part, puifqu'ils n'ont qu'elle feule en leur difpofition ; il en cauferoit de même une dans les dépenfes de la culture, & conféquemment dans fes produits ; le vuide des derniers n'exifteroit que parce qu'on auroit commencé par caufer celui des premières ; celui-là ne feroit qu'un effet proportionné de celui-ci qui l'auroit affuré d'avance & néceffité : donc ce raviffement fait par l'Impôt d'une partie des reprifes des Fermiers, feroit une fpoliation qui anticiperoit la reproduction & la diminueroit ; donc il feroit une caufe de dégradation dans les richeffes renaiffantes qui affoibliroit la force de l'Etat, & , par un contre-coup fubit, la puiffance du Souverain.

COMME il ne peut furvenir aucun Impôt indirect qui ne rejailliffe plus ou moins fur toute la claffe cultivatrice, dont la plus grande partie eft compofée de Fermiers, il en réfulte inconteftablement que tout Impôt indirect furvenant , eft Impôt anticipé pour la partie que les Fermiers font obligés d'en payer, & qu'ils n'ont pu prévoir en combinant la portion du produit net , qu'ils fe font engagés par leurs baux de céder aux Propriétaires.

APRÈS avoir établi des règles pour connoître la portion des Impôts indirects furvenants qui fe répand fur la claffe cultivatrice ; après être parvenu à démontrer que toute celle qui fera répartie fur les Fermiers , fera Impôt

nticipé ; il ne s'agit plus pour appré-
ier fes influences fur le revenu , que
le développer la manière dont elle dé-
grade l'agriculture en la dépouillant de
es avances , & de fixer la durée de
cette dégradation.

Pour peu qu'on examine le fort des
Fermiers, qui, preffés par la création
d'un nouvel Impôt, n'ont d'autres reffources pour y fatisfaire que leurs reprifes compofées de leurs avances annuelles avec leurs intérêts ; fi le genre
de leur culture n'eft fondé que fur des
avances annuelles, il n'eft pas douteux
qu'ils commenceront par facrifier ces
intérêts pour ne point entamer leurs
avances ; mais au moindre accident
dans les récoltes, ne trouvant plus
dans fes intérêts les fecours qu'ils devoient leur ménager, & qui ne leur
avoient été accordés que pour ces moments de crife, ils font forcés d'entamer leurs avances elles-mêmes. Alors
la reproduction fuivante fera diminuée
en raifon de deux cents dix pour
cent (11) de ce qu'ils auront commen-

---

* (11) Quand on a compté dans la première
partie la reproduction générale à raifon de

cé à en facrifier. Avec une récolte au ſſ
affoiblie, il ne leur eſt plus poſſible d ſ
ſe remettre au pair en reportant la d ſ
penſe du nouvel Impôt ſur les ſeuls in ſ
térêts des avances pour l'année ſu ſ
vante. Le vuide de la récolte qu'il ſ
ſupportent ſeuls par le droit injuſte ſ
conſervé aux Propriétaires de refuſe ſ
de leur en tenir compte pendant l ſ
cours des baux, les réduit à ne pou ſ
voir plus payer l'Impôt qu'en repre ſ
nant de nouveau ſur leurs avances ſ
elles feront diminuées chaque année, ſ
non-ſeulement de la repriſe répétée de ſ
l'Impôt; mais encore du vuide de la ſ
reproduction qui ſera augmenté pro- ſ

---

deux cents cinquante pour cent des avances ſ
annuelles, c'eſt que l'on confondoit enſemble ſ
les différentes branches de culture, ſans diſtinguer celles qui n'ont beſoin que d'avances ſ
annuelles d'avec celles qui n'en exigent que
de primitives. La règle générale dont on ſe
prévaloit, étoit ſeulement de compter dix
pour cent d'intérêt pour les unes & les autres.
C'eſt par cette raiſon qu'en ne traitant ici que
d'une culture où des avances annuelles ſuffi-
ſent, la reproduction ne doit être regardée
que de deux cents dix pour cent : ſavoir, cent
pour les repriſes des avances, dix pour leurs
intérêts, & cent pour le revenu.

progreffivement jufqu'au moment de l'é-
chéance des baux : alors prefque ruinés
ils ne pourront plus former d'engagements avec les Propriétaires, que conféquemment à la foible culture que
l'épuifement de leurs richeffes d'exploitation leur permettra de foutenir, &
après leur avoir précompté la charge
du nouvel Impôt.

POUR expofer la dégradation progreffive d'un Impôt indirect furvenant,
& qui tomberoit fur des Fermiers dont
la culture n'exigeoit que des avances
annuelles, & dont leur reproduction feroit de deux cents dix pour
cent ; on fuppofe qu'il commenceroit
par enlever mille livres de fes avances, & qu'il continueroit pendant neuf
années qu'on prend pour la durée ordinaire des baux.

LA première année, les mille livres
auroient reproduit deux mille cent
livres pour l'année fuivante ; leur défaut d'exiftence doit caufer un vuide
dans les avances qui feroit accru des
mille livres que l'Impôt pomperoit de
nouveau ; le fecond vuide feroit donc
de trois mille cent livres, qui diminueroit la feconde récolte de fix mille

cinq cents dix liv. La dégradation
s'opéreroit par une progreſſion ſem-
blable, telle que l'expoſe le tableau
ſuivant.

Iere année 1000 l. qui auroient
reproduit à la prem. Récolte, 2100 l.

IIe année 2100 } 3100,
L'Impôt 1000 }
qui auroient reproduit à la
ſeconde Récolte . . . . . . 6510.

IIIe année 6510 } 7510,
L'Impôt 1000 }
qui auroient reproduit à la
troiſième Récolte 15,771

IVe ann. 15,771 } 16,771,
L'Impôt, 1000 }
qui auroient reproduit à la
quatrième Récolte 35,219

Ve année 35,219 } 36,219.
L'Impôt 1000 }

DÈS la cinquième année, le vuide
des avances annuelles ſeroit donc de
trente-ſix mille deux cents dix-neuf livres, lequel en cauſeroit un dans la
reproduction de ſoixante-treize mille
neuf cents cinquante-neuf livres. Ce
ſeroit une perte réelle pour la population & l'induſtrie, qui ſeroient privées des objets, dont la quantité eſt
exprimée par cette ſomme, qui ceſ-

seroient de renaître. Le revenu qui étoit égal aux avances seroit donc diminué de ces trente-six mille deux cents dix-neuf liv.; ce qui monteroit à sept fois plus que ne lui auroit coûté l'Impôt pendant ces cinq années, puisqu'il n'auroit levé que cinq mille livres; & de plus, il resteroit chargé pour toujours des mille livres de l'Impôt par le rejet qu'en feroient sur lui les Fermiers, en supposant que les baux expirassent après le terme de cinq années, parce que l'Impôt les auroit surpris au milieu de leur durée.

Dans le cas où l'Impôt surprendroit une classe de Fermiers dont l'exploitation seroit fondée sur de grandes avances primitives, & sur une très petite quantité d'annuelles, sa déprédation seroit différente.

Ces dernières seroient conservées intactes aux dépens des premières, dont la masse diminueroit, tant par les sommes que l'Impôt imprévu en raviroit chaque année, que par celles qu'il faudroit en distraire pour remplir le vuide que la reproduction causeroit aux annuelles, laquelle s'affoibliroit suivant la diminution des avances primitives ; car ce font celles-ci qui font la mefure des produits de ce genre de culture.

SA reproduction dans un état de profpérité feroit de deux cents dix pour cent de fes avances annuelles, y compris leurs intérêts ; & en outre de dix pour cent pour l'intérêt des primitives deftiné feulement à les entretenir & à les réparer. Pour eftimer la dégradation que l'Impôt doit caufer à cette nature de biens-fonds, il faut favoir dans quelle proportion les avances primitives font avec les annuelles, puifque le produit de celles-ci s'affoiblira en proportion de la diminution de la maffe de celles-là. Ce n'eft donc qu'après l'avoir fixée, qu'on peut faifir la déprédation progreffive que caufera l'Impôt.

SUPPOSONS que les primitives foient décuples des annuelles : en établiffant les premières à un million, la reproduction fera de deux cents dix mille liv. pour les deux cents dix pour cent des avances annuelles y compris leurs intérêts, lefquelles doivent être de cent mille livres ; elle fera de plus de cent mille liv. pour intérêt à dix pour cent du million es primitives. La totalité sera donc de trois cents dix mille livres, sur lesquelles ces Fermiers retireront deux cents dix mille livres, & laisseront pour le produit net cent mille livres.

Il faut sur-tout observer qu'en attribuant avec raison le germe de la fécondité aux avances primitives, il est plus simple de regarder cette reproduction comme étant de trente-un pour cent des avances primitives, que de la calculer par les avances annuelles, en la comptant de trois cents dix pour cent de ces dernières.

En effet, si ces fonds sont des prés ou des étangs, il en coûte autant pour garder & nourrir chaque année un moindre nombre de bestiaux & de mauvaise qualité, qui meurent de faim, ou du moins languissent sur une étendue de terrein où l'herbe a dégénéré par défaut de soins & de culture, que d'en garder une plus grande quantité & de race supérieure, sur des prairies bien conservées & bien entretenues. De même, les frais de pêche d'étangs fangeux, dont le fonds n'est point renouvellé par le repos &

les labours qui leur font néceſſaires,
& dont on a laiſſé les joncs couvrir la
ſuperficie, feront auſſi conſidérables,
& même plus que ceux d'étangs bien
gouvernés, & qu'on aura toujours
l'attention de repeupler de poiſſons
de belle qualité.

La dépenſe annuelle ſera au moins
égale dans la poſition la moins heu-
reuſe, comme dans la plus favorable:
elle eſt preſque étrangère au produit
de ce genre de biens, tout y dépen-
dra des avances primitives, dont le
dépériſſement réglera celui de leur
reproduction; c'eſt donc par lui qu'il
faudra les calculer.

Ce n'eſt point gratuitement qu'on a
accordé aux Fermiers de ces cultures
des intérêts de leurs avances annuelles & primitives; ils font deſtinés, ainſi
que dans toutes les autres, à ſubvenir
aux différents accidents, tels par exemple que les mortalités, les ruptures
de chauſſées, & le débordement des
eaux; ſi l'Impôt imprévu dont on les
charge, ne peut être payé que ſur ces
intérêts, il ſemblera ne cauſer aucune
déprédation, tant qu'il ne ſurviendra
aucune criſe, dans le cas cependant
qu'ils

qu'ils fuffifent pour porter la nouvelle marge; mais lorfque ces malheurs arriveront, les Fermiers privés des fonds qu'ils devoient amaffer & réferver pour être en état de réparer tout le dommage, fouffriront autant dans ce feul inftant, que fi l'Impôt fût enlevé fucceffivement fur leurs avances primitives tout ce qu'ils lui ont payé fur leurs intérêts. Le vuide qu'ils trouveront dans leurs avances, & qu'y caufera le fléau, fera auffi confidérable dans cette feule année, que celui que l'Impôt y auroit caufé fi elles euffent fourni chaque année à fon paiement. En conféquence de ces réflexions, tout Impôt furvenant & imprévu, qui attaque les Fermiers de ce genre de culture pendant le cours de leurs baux, eft réellement payé aux dépens des avances primitives, qu'ils n'ont que leurs intérêts pour y faire face; en les diminuant il détruit proportionnellement, & par anticipation, la reproduction future dont elles font la fource.

POUR conftruire le tableau de cette dégradation, on fuppofera comme dans l'autre, un Impôt anticipé de

H

mille livres, qui fera acquitté par le
facrifice d'une fomme égale prife fur
les avances primitives. Il doit diminuer la reproduction de trois cents
dix livres, à raifon de trente-un pour
cent pour l'année fuivante. Afin que
ce vuide ne diminue point les avances annuelles, qui doivent toujours
refter les mêmes, il faut que leurs reprifes foient complettées par un nouveau facrifice & égal à cette fomme,
aux dépens des avances primitives :
elles doivent donc diminuer progreffivement, tant par le pompement ré-
pété de l'Impôt, que par l'extinction
du vuide de la reproduction. Le Tableau
ci à côté en offre la dégradation.

QUOIQUE la progreffion de cette
dégradation ne foit point auffi prompte
par les avances primitives, qu'elle l'a
été dans le tableau précédent par les
avances annuelles, il fe trouveroit cependant que l'Impôt auroit détruit bien
près du double de ce qu'il auroit levé. Cet anéantiffement de neuf mille
deux cents quatorze liv. en avances
primitives, empêcheroit de renaître
pour deux mille huit cents cinquante

Première année l'Impôt enlevera . . . . 1000 l.
ce qui diminuera le produit de la première Récolte de. . . . 310 } . . 1310.

Deuxième année vuide de . . . . 1310 l.
L'Impôt enlevera . . . . 1000 } 2310, ci 2310
qui diminueront le produit de la seconde Récolte de . . . . 716 } . . 3026.

Troisième année vuide de 3026
L'Impôt enlevera . . . . 1000 } 4026, ci 4026
qui diminueront le produit de la troisième Récolte de . . 1246 } . . 5272.

Quatrième année vuide de 5272
L'Impôt enlevera . . . . 1000 } 6272, ci 6272
qui diminueront le produit de la quatrième Récolte de . . . 1942 } . . 8214.

Cinquième année vuide de 8214
L'Impôt enlevera . . . . 1000 } 9214.

cinq livres de reproduction, que l'Etat
en général & le revenu en particulier perdroient. Celui-ci feroit en outre grevé pour toujours des mille liv.
du nouvel Impôt, dont les Fermiers
fe libéreroient en renouvellant leurs
baux : les Propriétaires perdroient
donc trois mille huit cents cinquante-
cinq livres ; favoir, deux mille huit
cents cinquante-cinq, en diminution
de revenu, & mille livres en rejet de
l'Impôt ; ce qui feroit une charge prefque quadruple de celle qu'ils auroient
fupportée s'ils avoient garanti les richeffes d'exploitation, en fe prêtant
à payer eux-mêmes les mille livres
néceffaires pour la dépenfe de l'adminiftration.

Ces différentes dégradations s'opé-
reroient en même-temps, fi un Impôt
imprévu venoit furprendre pendant
le cours de leurs baux, les Fermiers
de ces deux différents genres de culture ; il diminueroit leur reproduction par une anticipation proportionnée à ces deux pofitions.

Elles font deux extrémités entre
lefquelles la charrue peut être regardée comme tenant à-peu-près le mi-

eu. En employant de fortes avances annuelles, elle veut qu'elles foient fecondées par de fortes avances primitives, defquelles dépend tout le fuccès de fes travaux ; car la terre femble perdre de fa fécondité à mefure qu'elles s'affoiblissent. Il est fûr que ce font elles qui doivent commencer à rapporter toutes les charges imprévues qui furviennent pendant le cours des baux : pendant qu'elles dépérissent, la dépenfe annuelle fe foutient long-temps la même ; mais la reproduction diminue graduellement avec la force de l'attelier, la vigueur des chevaux, le nombre des beftiaux, & la folidité des inftruments aratoires.

QUOIQUE cette marche de dégradation de la culture des grains la diftingue effentiellement de celle des autres productions qui, fondée prefque toute entière fur des avances annuelles, dépérit par leur épuifement fubit ; quoiqu'elle la rapproche du dernier dépériffement dont on vient de conftruire le tableau par les avancees primitives, cependant en fixant les yeux fur elle feule, on peut fuivre les déprédations que l'Impôt furvenant peut caufer, comme Impôt anticipé, fur tous les genres de culture poffibles dans un grand Royaume agricole.

Pour cela, fans avoir égard fi dans l'état d'opulence & de profpé-rité, les avances primitives de la charrue doivent être quintuples des annuelles, il faut confondre en idée les avances annuelles & primitives de tous les différents genres de culture d'un Etat, & ne les confidérer que dans la proportion que la maffe générale des unes eft avec-celle des autres.

C'est par cette difpofition que l'on a réduit les avances primitives du Royaume adopté pour exemple, à n'être que quadruples des annuelles, en y rapportant tout à la partie de la charrue ; fa reproduction étant fixée à deux cents cinquante pour cent des dernières, elle donne exactement les deux cents pour cent de leur fomme, & les dix pour cent pour les intérêts des deux avances.

Ceci pofé, il eft facile d'apprécier la déprédation de tout Impôt indirect quelconque furvenant, en conftrui-fant deux tableaux corelatifs de dégra-

ration appliqués à la feule culture des
grains. Celui des avances primitives ex-
primera la fpoliation que l'Impôt en
fera fur les genres de culture qui ne
pourront le payer que fur elles ; celui
des avances annuelles repréfentera ce
que l'Impôt en ravira fur les cultures
qui ne dépendent que d'elles feules.

Pour déterminer la durée de fon
influence deftructive, on verra que ce
n'eft pas fans deffein qu'on en a borné le terme dans les deux tableaux
précédents à cinq années & quatre
récoltes.

Dans les pays où le cours ordinaire des baux eft de neuf années , on
peut compter que chaque année il en
expire la neuvième partie, & qu'il
s'en renouvelle une égale. Le fort des
fermiers qui font furpris par l'Impôt
au commencement de leurs baux, eft
bien différent de celui qu'éprouvent
ceux qui touchent à l'expiration des
leurs. Les premiers peuvent être ruinés par la longueur du tems , pendant lequel il faudra toujours prendre fur leurs avances pour payer l'Impôt, tandis que les feconds pouvant fe
délivrer auffi-tôt du fardeau, pourront

les conferver intactes. Mais dans l'examen général de la dévaftation d'un
Etat, il n'eft queftion que de la quotité des richeffes d'exploitation anéanties ; ainfi , fans diftinguer l'inégalité
de l'échéance des baux, & en prenant le terme moyen de leur durée,
on trouvera avec autant de jufteffe &
plus de facilité , le calcul de la déprédation de l'Impôt avec tout fon poids,
que fi on la comptoit pendant neuf
années, en la diminuant chaque année
d'un neuvième. Ainfi par-tout où la
durée ordinaire des baux eft de neuf
ans, tout Impôt indirect furvenant,
commence par être Impôt anticipé
pour la portion qui en tombe aux
charges des Fermiers pendant quatre
ans & demi; fa dévaftation doit durer
cinq ans, & influer fur quatre récoltes.

Pour conftruire à préfent les deux
tableaux corelatifs de dégradation que
les développements qu'on vient de
donner doivent rendre faciles à faifir,
on va fuppofer qu'au lieu de former
au Souverain, avec une fermeté éclairée, un revenu par un Impôt direct,
on foit obligé de lui en ménager un

…ar des moyens obliques, & de se
…rêter à des tempéraments qui ne
…ermettent de l'accroître que succes-
…vement.

Au lieu de prendre sur le produit
…et de deux milliards, un Impôt uni-
…que & direct de seize millions, on
…dmet qu'on les recueillera par des
…mpôts indirects, soit en taille, capi-
…ation ; soit en droits sur les consom-
…mations, qui par les frais qu'ils né-
…cessitent , & par les bénéfices qu'ils
…donnent aux Entrepreneurs de leur
…perception, coûteront à la Nation tren-
…te-deux millions.

En admettant de même que par
…leur différente combinaison, ces Im-
…pôts se distribuent par moitié sur la
…classe propriétaire & sur la classe cul-
…tivatrice ; ce seront seize millions qui
…commenceront par être aux charges
…de l'une & de l'autre. Les seize mil-
…lions de la classe cultivatrice seroient
…tout entiers en Impôts anticipés , si
…tous les différents biens-fonds étoient
…affermés, puisqu'ils seroient levés sur
…tous les Fermiers qui n'auroient pu
…prévoir cette charge , & la compren-
…dre dans les conditions de leurs baux.

H v

EN confidérant ici la charrue comme formant la moitié de la partie aratoire du Royaume, & les autres branches de culture, comme fe divifant par moitié en exploitations, dont les unes n'exigent prefque que des avances pri-mitives, & les autres que des annuel-les, il eft évident que la déprédation de l'Impôt fur les avances primitives feroit triple de celle des annuelles, puifque celles-là fupporteroient les trois quarts de l'Impôt imprévu.

MAIS réfléchiffant avec raifon qu'une portion de ces différentes pro-priétés pourroit être exploitée par les vrais Propriétaires, qui ayant tout le produit net à leur difpofition, pour-roient garantir leurs avances de toute atteinte en payant fur leur revenu l'Impôt, lequel ne feroit point anti-cipé pour eux : on fe bornera à ne compter que neuf millions au lieu de douze qui porteront fur les avances primitives, & trois millions au lieu de quatre qui porteront fur les an-nuelles.

POUR fe prêter aux plus grands mé-nagements, bien loin de s'expofer au moindre reproche d'exagération, on va faire valoir tous les motifs & toutes les reſſources qui pourront encore reſtreindre la dégradation des richeſſes d'exploitation.

AVANT cette première Impoſition indirecte, l'argent qu'un grand nombre de Fermiers pouvoient avoir en réſerve, & l'attente des Propriétaires pour quelque portion de leur revenu, pourroient mettre à l'abri de l'Impôt une grande partie des avances, & n'en faire porter ſur elles qu'une très foible portion. Pour les cultures ſurtout qui ne conſiſtent preſque qu'en avances annuelles, l'influence de l'Impôt peut être d'abord très peu conſidérable. Outre les deux raiſons ci-deſſus, il faut encore remarquer que leur culture étant rapportée à la culture des grains, comme l'anéantiſſement progreſſif ſera compté à raiſon de deux cents cinquante pour cent des avances annuelles, quoiqu'il ne dût l'être réellement que de deux cents dix pour cent, produit ordinaire de ces propriétés, il eſt juſte de leur attribuer une moindre charge de l'Impôt, afin que la progreſſion qui ſera trop rapide ne donne pas un ré-

H vj

fultat trop étendu, de plus, malgré
le partage égal des cultures réfervées
aux Propriétaires, étant naturel de
préfumer qu'ils doivent en conferver
davantage de celles qui exigent le
moindre fonds d'avances ; cette nature de biens étant entre leurs mains
en plus grande partie que les autres,
doit être moins expofée aux déprédations de l'Impôt. C'eft par la réunion de toutes ces raifons qu'on croit
devoir ne faire porter fur les avances
annuelles que la douzième partie de
la portion de l'Impôt, qui doit fe diftribuer fur elles ; ainfi le premier calcul du tableau de leur dégradation ne
commencera que par deux cents cinquante mille livres en anticipation,
lefquelles font le douzième des trois
millions préfuppofés.

QUOIQUE les deux premiers motifs femblent prefcrire la même modération pour reftreindre l'influence des
neuf millions répartis fur les avances
primitives ; cependant des réflexions
puiffantes empêchent d'adopter le même ménagement.

L'AVILISSEMENT continuel des prix,
caufé par le déplacement des dépen-

...es, qui influe fur quantité de denrées, ou privées de débouché, ou qui ne peuvent fupporter les frais de tranf-port, a le même effet qu'un accroif-fement annuel de l'Impôt. Ce. défordre caufe une déprédation diftincte , & qui aggrave celle de l'Impôt, en agif-fant en même temps avec lui. De plus, le défaut de réparations dégra-dant le refte des avances primitives dans une raifon plus forte que le cal-cul , & la reproduction s'affoibliffant de même dans une proportion plus confidérable , on donneroit des réful-tats au deffous de la réalité , fi on ne comptoit la dégradation des avances primitives que fur le douzième de la fomme de l'Impôt indirect qui retom-beroit fur elles en anticipation.

C'EST dans ces vues , qu'après avoir balancé l'effet de ces deux der-nières caufes avec celui des deux pre-mières, on fe croit autorifé à regar-der le tiers des neuf millions en Im-pôt anticipé, & à conftruire fur cette bafe le tableau de la déprédation des avances primitives.

AU lieu de diminuer fa reproduc-tion connue ci-deffous, en raifon de trente-un pour cent des fommes qu'il aura levées, il doit la diminuer de foixante-deux & demi pour cent ; les avances primitives n'étant ici que le quadruple d'avances annuelles, qui font cenfées produire deux cents cinquante pour cent, tandis que dans le tableau fupérieur elles en étoient le décuple qui reproduifoit trois cents dix pour cent ; ainfi la même raifon qui ne faifoit influer les avances primitives fur la reproduction que pour trente-un pour cent, doit les faire influer ici dans celle de foixante-deux & demi pour cent

QUOIQU'IL foit fuppofé dans le tableau des avances primitives, qu'elles fourniffent feules aux déprédations de l'Impôt pour conferver toujours intactes les avances annuelles ; il eft cependant un terme où s'arrête ce fupplément fucceffif qu'elles leur fourniffent : c'eft, par exemple, pour la charrue lorfqu'elles font réduites à n'être plus que le double des avances annuelles après en avoir été le quintuple.

CET inftant eft l'époque de la naiffance de la petite culture miférable ;

TABLEAU DE DÉGRADATION	TABLEAU DE DEGRADATION
des *Avances primitives* cauſée par un Impôt anticipé de trois millions , qui diminue la reproduction à raiſon de ſoixante - deux & demi pour cent pendant cinq années & quatre Récoltes.	des *Avances annuelles* cauſée par un Impôt anticipé de deux cents cinquante mille livres , qui détruit la reproduction à raiſon de deux cent cinquante pour cent du vuide qu'il y cauſe pendant cinq années & quatre Récoltes.

Première année l'Impôt enlève . . . . . 3,000,000 l. qui diminue la première Récolte de . . 1,875,000. ——— 4,875,000 l.	Première année , ... 250,000 l. qui auroient reproduit la première Récolte de . . . . 625,000.
IIe année, 4,875,000. L'Impôt, . 3,000,000. } 7,875,000. qui diminuent la IIe Réc. 4,921,000. } 12,796,000.	IIe ann. . 625,000. L'Impôt, . 250,000. } . 875,000. qui auroient reproduit la IIe Récolte . . 2,187,500
IIIe ann. . 12,796,000. L'Impôt, . 3,000,000. } 15,796,000. qui diminuent la IIIe Réc. 9,872,000. } 25,668,000..	IIIe ann. . 2,187,500. L'Impôt, . 250,000. } . 2,137,500 qui auroient reproduit la IIIe Récolte . 6,093,750.
IVe ann. . 25,668,000. L'Impôt, . 3,000,000. } 28,668,000. qui diminuent la IVe Réc. 17,918,000. } 46,586,000.	IVe ann. . 6,093,750. L'Impôt, . 250,000. } . 6,343,750 qui auroient reproduit la IVe Récolte . 15,859,375.
Ve ann. . 46,586,000. L'Impôt, . 3,000,000.	Ve ann. . 15,859,375. L'Impôt, . 250,000.
49,586,000 l. vuide total de la déprédation.	16,109,375 l. vuide total de la déprédation.

elle fuccède à la petite culture médiocre, qui tient le milieu entre elle &
la grande culture opulente, & qui eft
plus ou moins favorable, felon qu'elle
approche plus ou moins de ces deux
extrémités.

QUAND on eft réduit à ce dernier
degré, les avances primitives ne peuvent plus remplir tout le vuide de la
reproduction, & completter les reprifes des avances annuelles des Fermiers, lefquelles commencent à s'éteindre graduellement ; ce qui lui fait fuc-
céder le friche (12). C'eft par cette
marche qu'un tel Royaume pourroit
fe détruire prefque entièrement, fi les
Impôts indirects s'y multiplioient fucceffivement, & fur-tout par le défordre des bénéfices des Entrepreneurs
de l'Impôt, fi on les mettoit en traité.

---

(12) QUELQUE foible que foit devenu un
attelier, il faut au moins y conferver quelques
mauvais chevaux, ou quelques bœufs lan-
guiffants, avec quelques inftruments de culture ; on ne peut plus rien retrancher de ce
trifte refte de la mifère : alors l'Impôt doit entamer les avances annuelles, n'ayant plus
qu'elles à enlever, & ne devant pas les épar-
gner plus que les primitives.

Le dérangement dans l’ordre des dépenſes & de la circulation empêcheroit que la dégradation s’opérât d’une manière uniforme. On a fait ſentir que le renchériſſement des denrées qui s’établiroit aux environs du ſéjour de la dépenſe, mettroit leur culture à l’abri de toute atteinte ; à meſure qu’on s’en éloigneroit, elle s’affoibliroit, & deviendroit culture médiocre, plus ou moins favorable, ſuivant qu’en participant moins à la dépenſe, la ſpoliation des avances primitives ſeroit plus ou moins conſidérable ; enfin elle dégéneroit en petite culture indigente dans les cantons les plus éloignés, & où les prix ſeroient les plus avilis ; ce feroit dans ceux-là que le friche s’établiroit par l’épuiſement complet des richeſſes d’exploitation.

Cette progreſſion d’épuiſement feroit d’autant plus rapide, que les productions anéanties diminueroient le produit des droits ſur leurs conſommations ; ainſi on en éleveroit les tarifs, ce qui les rendroit plus onereux. Le nombre & les facultés des contribuables diminuant chaque jour, on n’héſiteroit point à faire refluer les taxes personnelles; & en les refferrant fur un moindre nombre de contribuables, on en appefantiroit la charge. Toutes ces reffources apparentes équivaudroient chaque année à un accroiffement d'Impôts, ou plutôt elles en feroient un réel.

QUE feroit-ce, fi l'aveugle entêtement des Propriétaires, & la complaifance du Souverain pour ce genre d'Impôts deftructeurs, enhardiffoient à les accroître fucceffivement?

QUAND chaque accroiffement de ces Impôts feroit égal, il eft inconteftable qu'il cauferoit chaque fois une déprédation plus confidérable; il deviendroit chaque année plus pefant par les raifons ci-deffus. En outre, les Fermiers auroient facrifié à l'Impôt toutes les richeffes qu'ils pouvoient avoir en réferve, & les maîtres ne pourroient les laiffer s'endetter vis-à-vis d'eux, en raifon de ce que l'Impôt deviendroit plus onereux; conféquemment il y en auroit, à chaque accroiffement, une plus grande partie qui tomberoit fur les avances, & qui détruiroit la reproduction par anticipation.

LA rapidité avec laquelle la dégra-

dation s'opère par la fpoliation des
avances annuelles, ainfi qu'on a dû .le
remarquer dans le dernier tableau, découvre que toutes les cultures qui n'en
exigent que de cette nature, feroient
bientôt anéanties, fi chaque accroiffement d'Impôts en augmentoit beaucoup
la dégradation.

Mais les mêmes raifons de reftreindre la fomme de l'Impôt qui devoit agir
par anticipation, exigent qu'on ref-
treigne de même le progrès de la déprédation de chaque accroiffement qui
porte fur elles. D'ailleurs, le tableau de
la dégradation progreffive des avances
annuelles comprendroit bientôt les
mêmes avances annuelles des cultures
qui dépendoient des primitives, lefquelles fervoient à les préferver de la déprédation. Comme ces avances annuelles
ne commenceroient à difparoître que
lorfque celles-ci n'en feroient plus que
le double, ce qui feroit le commencement des friches qui ne s'établiroient
que lentement ; c'eft pourquoi on pré-
fume avec vraifemblance que leur déprédation confidérée fur toutes les cultures en général, ne doit pas augmenter
par une progreffion plus forte que cinq

pour cent, à chaque nouvel Impôt anticipé. Mais il n'en eſt pas de même de
la progreſſion du dépériſſement des
primitives, elle feroit bien plus accélérée, elles diminueroient dans une raiſon plus forte que ce qu'on en enlève.
Des chevaux qu'on ne peut renouveller, des harnois qu'on ne peut réparer,
donnent une perte bien plus grande en
diminution de valeurs & de travaux
que la ſomme enlevée par l'Impôt, &
qui étoit deſtinée à prévenir ces dégradations. En outre, ſouvent elles feroient ſeules face à l'Impôt, juſqu'à ce
qu'elles fuſſent réduites au point que
les annuelles en payaſſent une partie,
tandis que celles-ci en payeroient ſeulement une partie dans les cantons les
plus dévaſtés, & où la petite culture
miſérable ſeroit devenue la preuve &
la reſſource de l'indigence ; celles-là ſe
dégraderoient dans les autres qui tomberoient ſucceſſivement de grande culture en médiocre, & de celle-ci en petite. Il eſt donc évident que l'Impôt
anticipé prendroit plus ſur elles ; c'eſt
par cette raiſon qu'on penſe que leur
dégradation cauſée par chaque accroiſſement d'Impôts, s'accroîtroit en rai-

fon triple de celle des annuelles ; &
c'eft dans cette proportion qu'on en a
déterminé la fpoliation progreffive que
l'on augmentera de quinze pour cent,
pour chaque accroiffement d'Impôts,
tandis que la fpoliation des annuelles
n'augmentera que de cinq pour cent,
feulement.

Ainfi dans le cas où le Souverain
confentiroit à porter fucceffivement
fon revenu par le canal des Impôts
indirects, jufqu'à cent foixante millions pour lefquels on en leveroit trois
cents vingt ; on ne pourroit y réuffir
qu'en complettant les progreffions fuivantes que l'on divife en dix accroiffements égaux de feize millions chacun qui en coûteroit trente - deux.

Au commencement des deux tableaux fuivants de progreffion, conftruits fuivant les proportions ci-deffus, on va trouver pour première bafe
le réfultat des deux derniers. C'eft de
lui dont on doit partir fans doute, puifqu'il comprend l'effet réel qu'auroit eu
le premier Impôt anticipé.

TABLEAU DE LA SPOLIATION
progressive des Avances annuelles.

Prem. création de l'Impôt,	16,109,000.
Premier accroiſſement , .	16,914,000.
Second , ...	17,760,000.
Troiſième , ...	18,648,000.
Quatrième , ...	19,581,000.
Cinquième , ...	20,560,000.
Sixième , ...	21,588,000.
Septième , ...	22,667,000.
Huitième , ...	23,800,000.
Neuvième , ...	24,990,000.
TOTAL . . .	202,617,000.

TABLEAU DE LA SPOLIATION
progressive des Avances primitives.

. . . .	49,586,000.
. . . .	57,023,000.
. . . .	65,576,000.
. . . .	75,412,000.
. . . .	86,724,000.
. . . .	99,732,000.
. . . .	114,692,000.
. . . .	131,895,000.
. . . .	152,679,000.
. . . .	177,589,000.
TOTAL . . .	1,010,908,000.

C'EST ainſi que des accroiſſements progreſſifs parviendroient à cauſer ces pertes énormes. Dès qu'on a le malheur d'adopter une fois ces Impôts déſordonnés, quelque foible qu'en ſoit le commencement, ils ſont un germe qui doit néceſſairement ſe développer & s'étendre, parce qu'ils font perdre de vue le rapport convenable de l'Impôt avec le produit.net des biens-fonds. On voit que ſon extenſion aveugle & arbitraire doit détruire rapidement le revenu de la Nation, ainſi que celui du Souverain.

EN examinant ici les choſes ſous leur point de vue le plus favorable, & même en forçant tous les ménagements, on conſent de diſtraire pour la ſomme des avances annuelles détruites, une ſomme quadruple ſur le montant de la maſſe des primitives anéanties, quoiqu'il ſoit conſtant qu'il leur en appartient beaucoup moins; car celles qui fondoient les cultures qui exigeoient peu de primitives, ſont confondues ici; & c'eſt même ſur elles ſeules que ſe font opérées les premières déprédations. Ainſi il faudroit moins ſouſtraire pour elles, & leur attribuer une moin-

...dre corelation avec les primitives dé-truites. Le vuide de celles-ci étant alors plus grand pour les autres genres de culture, celui de leur reproduction le feroit de même , & par conféquent le dommage général feroit plus confidérable.

MAIS on va démontrer qu'il le feroit affez , fans avoir befoin de profiter ftrictement ⬤ toutes les raifons ci-deffus. Les deux cents deux millions d'avances annuelles dont l'Impôt auroit dépouillé les Fermiers , découvrent une extinction de revenu d'une fomme égale de deux cents deux millions, puifqu'il étoit avec elles, en raifon de cent pour cent.

EN retranchant du milliard ravi des primitives les huit cents millions qu'on veut bien attribuer aux avances annuelles, & les regarder comme corelatifs, il reftera encore deux cents millions de vuide fur les avances primitives, lefquels en feront fubir un au revenu de cinquante millions (13). Ces

---

(13) CES avances primitives auroient diminué la reproduction à raifon de foixante-deux & demi pour cent, ce qui feroit cent vingt-cinq millions ; les deux cinquièmes apparte-noient au revenu : ce font donc cinquante millions qu'il perdroit.

deux pertes réunies formeroient celle
de deux cents cinquante-deux millions
dont il feroit diminué au renouvellement des baux, en partageant le vuide
de la reproduction dans la proportion
qu'il 'en recevoit tout le produit net.
De plus, les Fermiers rejetteroient encore fur lui les cent foixante millions
levés fur eux par les différents Impôts
indirects. Enfin les Propriétaires continueroient, à l'ordinaire, à payer à
l'Impôt les cent foixante millions qu'il
pompoit fur leur dépenfe ; il leur en
coûteroit cinq cents foixante - douze
millions, pour avoir refufé de fournir
au Souverain cent foixante millions
par un Impôt direct : donc leur charge
feroit prefque quadruple.

La fituation du Royaume feroit bien
changée par l'inégalité de la répartition
de ces dommages ; les cantons le plus à
portée de la dépenfe & du débouché
des rivières navigables, auroient pro-
fité des reffources qui les auroient ga-
ranties de toute déprédation ; elle fe
feroit répandue fur les Provinces dont
la pofition feroit moins favorable. Un
tel Royaume auroit pu fe partager en
deux portions, dont l'une ayant confervé

ervé intactes toutes ses richesses d'exploitation, continueroit de donner une
reproduction de deux milliards cinq
cents millions. Pour l'autre moitié, les
avances annuelles étant réduites à huit
cents millions par la perte des deux
cents ci-dessus qu'elle auroit supportée
toute seule, il y en auroit un cinquième en friche, & les quatre autres cinquièmes seroient déchus de leur état
de grande culture par la spoliation de
deux cents millions sur leurs avances
primitives qui ne seroient plus que de
trois milliards, au lieu de trois milliards
deux cents millions dont elles devroient être composées. Ils seroient
donc tombés en petite culture médiocre plus ou moins favorable, en raison
des distances des débouchés & de la
consommation. Ce vuide de deux cents
millions dans les avances primitives en
causeroit un de cent vingt-cinq millions dans la reproduction sur laquelle
elles influoient, à raison de soixante-
deux & demi pour cent : donc au lieu
d'être de deux milliards, elle ne seroit
plus que de dix-huit cents soixante-
quinze millions ; ainsi la reproduction
se trouveroit diminuée de six cents

vingt-cinq millions; favoir, des cent vingt-cinq ci-deffus, & de cinq cents millions par l'anéantiffement des deux cents millions d'avances annuelles qui reproduifoient deux cents cinquante pour cent.

CE feroit précifément le huitième de la reproduction générale, qui cefferoit de renaître ; car fix cents vingt-cinq millions font le huitième des cinq milliards qui la compofoient avant la dévaftation de l'Impôt. On auroit ainfi diffipé ou anéanti un huitième de la population, du commerce & de l'induftrie du Royaume qui auroit perdu de même le huitième de fa puiffance.

IL ne faut que comparer à préfent fon premier état de profpérité, tel qu'il a été expofé dans la première Partie, avec celui de dégradation dans lequel les Impôts indirects commençant toujours néceffairement par être anticipés, l'auroient réduit, pour fe convaincre qu'ils font un principe conftant de deftruction, & qu'ils font également funeftes au Souverain, aux Propriétaires, aux Décimateurs & aux deux autres claffes productive & ftériles de la Nation.

DANS l'état de prospérité, deux milliards d'avances annuelles reprodui-
soient cinq milliards dont deux appartenoient au revenu que l'on partageoit
entre trois copropriétaires, savoir :
Pour les décimateurs, à raison d'un
septième, ... 285,714,285.
Pour le Souverain, à
raison de deux, . . . 571,428,575.
Pour les Propriétaires,
à raison de quatre, . 1,142,857,140.
                              ____
              TOT. 2,000,000,000.
                              ____

LA classe productive avoit pour ses
reprises trois milliards. La classe mercenaire recevoit, à titre de rétribution, un milliard de chacune des deux
autres classes ; ce qui lui procuroit
deux milliards dont l'un remplaçoit ses
matières premières, & l'autre fournissoit sa dépense. A présent il n'y auroit
plus que dix-huit cents millions d'a-
vances annuelles, qui reproduiroient
seulement quatre milliards trois cents
soixante-quinze millions sur lesquels
il n'y en auroit qu'un milliard sept
cents cinquante millions en produit
net.

LE septième pour les Décimateurs

ne leur donneroit que deux-cents cinquante millions. Le Souverain faifant
prélever trois cents vingt millions dont
il n'en toucheroit que cent foixante,
il ne refteroit aux Propriétaires que
onze cents quatre-vingt millions ; ce
qui ne leur auroit confervé que trente-
huit millions de plus que s'ils avoient
fourni directement au Souverain ces
cinq cents foixante-onze millions, &
que s'ils s'étoient mis à l'abri par cette
contribution raifonnable & légitime
des fuites de la déprédation des Impôts
indirects que la modicité de leur produit néceffiteroit fans ceffe d'accroître.

LES reprifes de la claffe productive
ne feroient que de deux milliards fix
cents vingt-cinq millions, au lieu de
trois milliards. Enfin la moitié que ver-
feroit le produit net fur la claffe ftérile, ne feroit plus que de huit cents
foixante-quinze millions, au lieu du
milliard qu'il lui verfoit auparavant.
La dépenfe que la claffe cultivatrice fait
chez elle, étant égale à celle de la claffe
propriétaire, elle ne lui produiroit de
même que huit cents foixante-quinze
millions ; fa rétribution feroit donc
bornée à dix-fept cents cinquante mil-

lions : donc son état seroit diminué d'un huitième, ainsi que celui des autres classes.

TEL seroit le fruit de ces opérations fausses & cachées. L'Administration enveloppée de nuages qui l'empêcheroient de rien discerner clairement, auroit énervé l'Etat pour ne procurer au Souverain qu'un revenu médiocre, & pour le laisser toujours en butte au besoin.

TOUS ces développements pourroient n'être regardés que comme des spéculations vagues & inutiles, si l'on n'en faisoit une application claire & intéressante ; c'est dans cette vue qu'on se propose de la faire au Royaume de France. Il est facile de démontrer que le degré d'énervation auquel il est réduit, est un effet naturel des Impôts indirects réunis à d'autres erreurs d'Administration, lesquelles ayant les mêmes influences, ont dû produire les mêmes effets.

TROISIEME PARTIE.

ON n'a point eu d'autre but en entreprenant cet Ouvrage, que de démontrer à la France le préjudice que les Impofitions indirectes avoient caufé, & caufent tous les jours à fa puiffance, à l'aifance des Propriétaires, & conféquemment au bonheur de tous fes autres Habitants. On ne l'a jamais perdue de vue un feul inftant. Il ne faut pas croire que les calculs de la feconde Partie aient une bafe idéale & gratuite ; c'eft le Royaume même qui en fervoit, & c'étoit fur lui qu'on avoit les yeux fixés.

IL eft certain que la France, fans être à fon plus haut degré de profpérité, pourroit donner chaque année une reproduction de cinq milliards, fi la campagne poffédoit les richeffes néceffaires pour entretenir une grande & floriffante culture fur tout fon territoire, & fi des communications aifées, avec

ne confommation uniforme , pouvoient foutenir dans toutes fes Provinces la valeur vénale de fes productions , au prix moyen général des autres Nations par la faveur d'un commerce libre, difpenfé de tous droits,
& dégagé de toutes entraves.

SUIVANT la même diftribution qu'on
a établie, les reprifes des Cultivateurs
feroient de trois milliards pour leurs
avances & leurs intérêts ; & il refteroit
deux milliards de revenu à partager entre le Souverain, les Décimateurs &
les Propriétaires, & pour l'induftrie
qui eft à leur folde. Le climat & la pofition de la France , l'excellence & la
variété de fes productions, l'étendue
& la fertilité de fon territoire font autant de garants de la folidité de cette
affertion. Quand on a calculé fur une
telle reproduction les déprédations de
l'Impôt indirect , jufqu'à la concurrence de cent foixante millions , par
neuf accroiffements de feize millions
chacun , on fuivoit fa marche avec
affez de précifion.

DEPUIS Charles VII, jufqu'à la mort
du Cardinal de Richelieu , le revenu
du Souverain avoit été porté par de-

grés à ce taux, en élevant le marc d'argent à fa valeur actuelle.

ON a faifi cette époque, parce que depuis ce temps, jufqu'en 1660, l'Impôt ne paroiffant pas avoir été augmenté, le réfultat de toutes fes influences avoit réduit à-peu-près le Royaume au point où l'on vient de le repréfenter.

PLUSIEURS favants écrits du dernier fiècle affurent qu'elle jouiffoit en 1660 d'un revenu de fept cents millions ; cette fomme équivaloit à quatorze cents millions par l'élévation de la valeur numérique du marc d'argent. Les progreffions de la déperdition de l'impôt viennent de le montrer réduit à un milliard fept cents cinquante millions, & cette différence ne détruit point cette opinion éclairée.

ON confidère à préfent le Royaume dans toute fon étendue ; cependant la réunion de la Lorraine, de l'Alface, de la Franche-Comté, & d'une partie de la Flandre qui n'appartenoient point alors à la France, l'ont accrue environ d'un huitième depuis 1660. Ainfi, avant la réunion de ces conquêtes, le revenu territorial ne devoit être que

de dix-fept cents cinquante millions,
ou des fept huitièmes de deux milliards.
L'anéantiffement des deux cents cinquante millions, occafionné par l'Impôt, devoit donc l'avoir réduit à un
milliard cinq cents millions; ce qui eft
à-peu-près la même fituation que celle
qu'on annonçoit.

Les deux cents cinquante millions
qu'on trouve de furplus, ne font que
le revenu du huitième du territoire
conquis depuis, auquel l'Impôt n'avoit
encore pu porter aucune atteinte. Si
on en a confondu la fomme, on l'a
confervée intacte : par les dégradations
fuivantes, on reconnoîtra que le
Royaume a perdu, & dû perdre depuis 1660, plus de la moitié de fon
revenu.

Ici le calcul démontre la certitude
du fait, & le fait, à fon tour, fert de
preuve à la jufteffe de calcul.

Le Royaume défolé pendant quarante années par les guerres civiles
que l'injuftice & l'ambition avoient entretenues fous le mafque de la Religion, & par les fecouffes du fanatif-
me, fembloit toucher à fa ruine ; cependant les avances de la culture n'ayant

pas été beaucoup dégradées par cette
crise opiniâtre, il ne fallut que le mi-
nistère de Sully pour refermer les
plaies de l'Etat. Son attention seule à
fixer les regards de son Maître sur les
campagnes, & à diminuer leurs Impositions indirectes, suffit pour y faire
prospérer les richesses qui y existoient
encore, & qui n'attendoient qu'un
signal de protection pour y développer
le germe de leur fécondité. C'est par
l'existence de ces richesses que le succès couronna les travaux de son minis-
tère ; mais s'il reprenoit aujourd'hui
les rênes du Gouvernement, il lui faudroit encore plus de fermeté & de lumières pour faire renaître l'aisance générale, parce que les richesses ont été
détruites & enlevées à la source de leur
reproduction.

Pour rétablir l'ordre dans les Finances, il n'eut qu'à réfréner un bri-
gandage grossier, & presque sans appui. Dans ce siècle ingénieux & poli-
cé, il auroit à lutter contre un système
combiné de finances qui détruit sourdement le Royaume par les mains d'A-
gents honnêtes, & de bonne foi ; système que l'habitude semble avoir con-

facré; que des befoins toujours pref-
fants font paroître néceffaire, & que le
plus grand crédit foutient fecrétement
avec chaleur.

Le commerce, à la vérité, étoit
déja foumis à quelques entraves que de
fauffes vues avoient établies : mais le
monopole n'avoit point encore tracé
un plan de conduite impofant, aux défordres duquel on applaudit ; qui facri-
fie le commerce aux Commerçants,
& dont toutes les branches ont des dé-
fenfeurs intéreffés & des Protecteurs
puiffants.

Ayant donc eu moins de combats
à foutenir, & des victoires moins dif-
ficiles à remporter, il n'eft pas furprenant que Sully ait fait renaître l'aifance
avec tant de promptitude, en ne fon-
geant qu'à multiplier, ainfi qu'à affurer par la feule liberté, une haute valeur vénale aux denrées. Par cette voie
fimple, & l'unique qui puiffe réuffir, il
auroit tout difpofé pour remonter le
Royaume à fon plus haut degré de
profpérité, fi en fupprimant toutes les
Impofitions indirectes, il leur eût fubftitué un feul Impôt territorial. Cet ar-
ticle effentiel eût été un point d'appui

qui auroit donné de la solidité à toutes ses opérations ; mais l'ayant une fois manqué, elles ne produisirent point tous les fruits qu'on avoit droit d'en attendre ; & la plus grande partie de ceux qu'on avoit obtenus, se dissipèrent bientôt.

RICHELIEU fut assez heureux pour succéder à Sully. Il profita de la puissance que son prédécesseur avoit rendue à l'Etat par l'activité communiquée aux richesses d'exploitation. Ce fut donc à lui qu'il fut redevable du succès de ces vastes projets politiques dont on a vanté la profondeur : cependant malgré l'abaissement des Grands, & la tranquillité intérieure qu'il assura pour toujours ; il resserra en aveugle l'extension des bienfaits qu'il recueilloit, parce qu'il en méconnut la source. L'Impôt indirect qu'il doubla en moins de trente années, enleva beaucoup plus de richesses à la campagne que quarante années de guerres civiles ne lui en avoient ravis : ainsi sa brillante administration fut fort onereuse à la France.

IL est vrai qu'elle devoit jouir encore d'environ un milliard cinq cents millions de revenu en 1660. L'aifance générale qui devoit exifter, en faifant applaudir à cette fituation, faifoit perdre de vue celle à laquelle on eût dû parvenir, & au deffous de laquelle on avoit été arrêté par un plan de finance qui devoit encore en faire décheoir, & qui en effet depuis un fiècle à détruit plus de la moitié du revenu général.

Tout confirme cette vérité accablante : le produit des vingtièmes & celui de la Ferme générale offrent deux preuves différentes, dont l'une établit que le produit net actuel ne peut être environ que de huit cents cinquante millions, & par l'autre on découvre qu'il devroit être le double de ce qu'il eft.

Le vingtième des biens-fonds ne produit pas au delà de vingt millions, ce qui annonce un revenu de quatre cents millions; les ménagements accordés aux grands Propriétaires, & les biens-fonds de l'Eglife fouftraits à cet Impôt, le feul naturel & équitable, paroîtroient autorifer à faire regarder cette eftimation trop affoiblie ; mais le revenu des petites cultures qui eft

prefque nul, & porté beaucoup trop
haut par des furtaxes qu'ont occafion-
nées ou les méprifes des Eftimateurs,
ou les difpofitions pénales des loix
contre les Propriétaires, en demeure
de donner leur déclaration (& l'impéritie ou l'inquiétude naturelle à des
payfans fans lumières, en a mis le très
grand nombre dans ce cas) balance
ces injuftes ménagements. Si on y
ajoute quatre cents cinquante millions
que les Cultivateurs paient en Impôts perfonnels & fur leur confommation, mais qu'ils gardent entre leurs
mains en déduction des baux, on
trouve les huit cents cinquante millions du produit net préfumé avec fondement.

EN 1660, les Fermes générales ren-
doient à l'Etat trente-fix millions neuf
cents dix-huit mille livres, le marc
d'argent étant à vingt-huit liv. treize
fols huit deniers ; c'étoit environ foixante-neuf millions deux cents cinquante mille livres de la valeur actuelle.

EN 1688, elles furent portées par
l'accroiffement des anciens droits jufqu'à foixante-quatre millions, le marc

En 1688 , elles furent portées par
l'accroissement des anciens droits jus-
qu'à soixante-quatre millions , le marc

étoit resté au même taux, ainsi cette
somme équivaloit à cent vingt millions d'aujourd'hui. Depuis peu, sans
compter les Impositions intermédiaires
qu'on ignore, tous les droits de la
Ferme ont été augmentés de six sols
pour livre ; mais cet accroissement ne
constituant dans aucuns frais nouveaux
auroit dû augmenter l'ancien produit
de la Ferme au moins de moitié ; c'est-
à-dire augmenter le bail de soixante
millions & le porter à cent quatre-
vingt. De plus, il faut y joindre pour
Impôts postérieurs à l'année 1688 vingt-
deux millions deux cents huit mille
livres pour le produit du tabac ; quatorze millions pour celui du contrôle
& centième denier ; douze millions
au moins pour celui des droits sur les
denrées des Colonies, lequel étoit nul
alors ; deux millions cinq cents vingt-
deux mille huit cents livres pour la
Ferme de Lorraine, compris dans le
bail de la Ferme générale pour ce
prix.

Tout ces objets réunis établiroient
son produit à deux cents trente millions sept cents trente mille liv. Il ne
s'en faut presque que de dix-sept mil-

lions qu'on ne foit parvenu aux deux cents quarante-huit, qui feroient le double de fon produit actuel ; on paf-feroit probablement ce terme, fi on pouvoit connoître & comprendre dans ce calcul tous les accroiffements des droits qui ont été faits depuis 1688, jufqu'à la création des fix derniers fois pour livre qui font les feuls dont on fe prévaut.

CETTE preuve inconteftable s'établit avec précifion ; elle convainc d'une manière lumineufe que les richeffes renaiffantes d'un Etat agricole doivent être diminuées de moitié, lorfque doublant les droits qu'on levoit fur elles, on ne reçoit que la moitié de ce qu'elles devroient produire.

CE n'eft pas feulement aux feules Impofitions indirectes levées pour le Souverain, & dont le partage forme fon revenu, qu'il faut attribuer toute la dégradation ; il eft d'autres charges qui ont concouru pour caufer tout le dommage.

CELLES-CI font en pure déperdition ; quoiqu'elles ne tournent point en recette au profit de l'Etat, elles n'en font pas moins coûteufes, & payées réellement par les Cultivateurs qui doivent en retirer le dédommagement. Elles entrent dans l'évaluation générale des baux, fans que ceux qui contractent s'en apperçoivent.

Ces charges indirectes font les corvées, les péages, les droits feigneuriaux fur les denrées, marchés, les bannalités, les haras, les milices, l'Amirauté, les attributions des Gouvernements, les Eaux & Forêts dont la fituation de nos bois démontre l'inutilité de l'adminiftration; enfin les privilèges exclufifs de toute efpèce : tous ces différents fardeaux réunis coûtent à la campagne au moins un tiers en fus des fommes qu'elle paye pour les Impofitions fifcales; elles doivent monter conféquemment à cent cinquante millions, puifque les autres, ainfi qu'on va le démontrer, y doivent lever trois cents millions.

Elles font comme ces dernières aux dépens du revenu, les Fermiers étant contraints de groffir leurs reprifes de tout leur montant qu'ils réfervent fur le produit net.

Chacune de ces charges au moment de leur création a eu l'effet d'Im-

pôt anticipé ; elles ont toutes commencé par porter fur les reprifes des
Cultivateurs pendant le cours des
baux , durant lefquels elles les ont
furpris ; ainfi elles ont dû caufer la
même dégradation des avances. Comme les plus onereufes n'exiftent que
depuis 1660, ce n'eft que depuis ce
temps qu'on eftime leur déperdition.
On la borne au tiers en dehors, &
en fus de celles des accroiffements des
Impôts fifcaux depuis ce tems. Cette
appréciation eft fans doute trop mo-
dérée ; car ceux-ci n'ayant été accrus
que de deux cents millions pour augmenter le revenu du Souverain de
cent millions , la campagne n'a pas
même fupporté la moitié de ces accroiffements : ainfi les cent cinquante
millions de ces charges indirectes ont
dû y caufer un dommage qui pourroit être eftimé le double de l'Impôt
fifcal , mais on préfère d'être au deffous de la réalité , dans la crainte de
paroître même la forcer. Depuis l'époque qu'on adopte ici , les Impofitions
indirectes n'ont augmenté le revenu
public que de cent millions, puifqu'étant alors de cent foixante mil-

…ions, il n'eſt aujourd'hui que de deux cents ſoixante. Cette augmentation peut être conſidérée ſous ſix accroiſſements différents de ſeize millions chacun, coûtant ſans doute à l'ordinaire le double à la Nation, c'eſt-à-dire, trente-deux millions (14).

---

(14) C'EST bien en conſidérant la forme de la perception des Impôts en France, qu'on n'a pas héſité d'établir dans la ſeconde Partie, que l'Impôt indirect coûtoit aux Citoyens le double de ce que le Souverain en retiroit. Combien de frais doit occaſionner le recouvrement d'une multitude de droits, dont le détail ſeul eſt immenſe ? Combien faut-il de ſurveillants pour viſiter tous les vaiſſeaux ainſi que toutes les voitures qui entrent & ſortent d'un vaſte Empire ? pour en peſer toutes les marchandiſes ; pour en exiger les différents droits ; pour répéter les mêmes opérations ſur toutes les rivières de l'intérieur, à l'abord des différents ports & aux portes de chaque ville ; pour ſuivre à la piſte chaque tonneau de liqueur, & pour compter, pour ainſi dire, tous les verres qu'en boit chaque Citoyen.

LE Gouvernement s'étant attribué la vente excluſive de certaines denrées, quelle foule d'agents ne faut-il pas employer pour en diſtribuer la conſommation de tous les habitants, & pour en diſtribuer juſqu'à la plus petite meſure ? Que d'eſpions pour découvrir la fraude, & de gardes pour la prévenir ? L'Etat a-t-il

Ces accroiſſements ont toujours commencé en Impôts anticipés, & à

---

imaginé de s'établir cohéritier de tous les Citoyens ; de partager les dots de leur mariage ; de s'emparer d'une portion de leurs propriétés à toutes les mutations ; de ſe faire payer pour rendre la juſtice ; enfin, de diminuer les repriſes des créanciers, & d'aggraver les dettes des débiteurs en prélevant une partie des fonds ſaiſis ? Qui peut compter les Bureaux qu'il a fallu établir pour tenir regiſtre de toutes les ſucceſſions, de tous les mariages, des ventes, des échanges, des arrangements & des diſputes de tous les habitants d'un grand Royaume ? Cette forme d'adminiſtration doit employer une armée contre les Sujets plus nombreuſe, & ſoudoyée plus chérement que celle que la prudence oblige d'entretenir contre les ennemis.

A cette dépenſe conſtante & aux frais accidentels & très multipliés que les formalités & les fraudes occaſionnent, il faut encore ajouter les gênes plus fatigantes & plus onereuſes au commerce que l'Impôt même.

Cet Impôt ne pouvant offrir un revenu fixe qu'en les affermant, les bénéfices qu'en retirent les Fermiers par l'impoſſibilité de connoître le produit de tant de droits, qu'ils étendent encore par la ſévérité d'un exercice toujours appliqué à s'améliorer, ſont une ſurcharge conſidérable.

On doit mettre en ligne de compte les ſommes perçues par la contrebande, qui leve une vraie contribution ; quoiqu'elle vende au

...porter fur les Fermiers pendant le cours de leur baux, dont on prend toujours pour terme moyen cinq années & quatre récoltes. Mais il faut réfléchir que furvenant à la fuite des progreffions de la feconde partie, l'aifance des Fermiers étant très altérée, leurs avances annuelles entamées, & leurs primitives fort dégradées, la dé-

---

...deffous du prix de la Ferme, elle vend infiniment au deffus du prix naturel ; ainfi l'argent qu'elle retire n'eft pas moins aux dépens de la Société, & une charge caufée par les Impofitions indirectes.

Enfin, tous les droits fur les confommations, avancés par chaque Négociant pour les objets de fon négoce, occupent une partie de leurs fonds, & les obligent d'en avoir de plus confidérables, d'où il réfulte deux dommages pour la fociété : le premier eft de coûter aux confommateurs, non-feulement le rembourfement de ces droits, mais encore leurs intérêts ; le fecond eft un plus grand emploi de l'argent qui doit en foutenir le fur trop haut.

Quand on embraffe tous ces objets, on ne doit point craindre d'affurer qu'ils forment par leur réunion un poids au moins double de celui que fupporteroient les Propriétaires, s'ils fourniffoient eux-mêmes directement au Souverain les mêmes fommes qu'il reçoit par une multiplicité de canaux, qui dépenfent autant qu'ils fourniffent.

perdition a dû continuer, en partant
de la dernière progreſſion, à augmenter
d'un vingtième ſur les avances annuelles, & de quinze pour cent ſur
les primitives. Ainſi telles doivent
être les ſix pogreſſions de la nouvelle
époque.

Tableau des dégradations des Avances		
	Annuelles.	Primitives.
La Iere, de	26,239,000. .	204,214,000.
La IIe, .	27,550,000. .	234,846,000.
La IIIe, .	28,925,000. .	270,072,000.
La IVe, .	30,471,000. .	310,579,000.
La Ve, .	31,999,000. .	357,264,000.
La VIe, .	33,598,000. .	410,853,000.
TOTAL,	178,782,000.	T. 1,787,828,000.

EN augmentant ces dommages d'un
tiers pour les autres charges, en pure
déperdition, dont on a fait ſentir les
influences deſtructives ; ce tiers doit
être la moitié des ſommes ci-deſſus ;
ſavoir, ſur les avances annuelles, de
quatre-vingt-neuf millions trois cents
quatre-vingt-onze mille livres ; & ſur
les primitives, de huit cents quatre-

ni-vingt-treize millions neuf cents quatorze mille liv.

AINSI, le total du dépériffement des richeffes d'exploitation du Territoire de la France depuis environ un fiècle, doit être fur les avances annuelles de deux cents foixante-huit millions cent foixante-treize mille liv. & fur les primitives de deux milliards fix cents quatre-vingt-un millions fept cents quarante-deux mille liv.

LE premier étoit fur celles-là de deux cents deux millions fix cents dix-fept mille livres, & fur celles-ci d'un milliard dix millions neuf cents huit mille livres. Toutes ces fommes réunies donnent pour la dégradation complette des avances annuelles de la culture, depuis la première création des Impofitions indirectes, quatre cents foixante-dix millions huit cents quatre - vingt - dix mille livres, & pour celle des avances primitives trois milliards fix cents quatre-vingt-douze millions fix cents quarante mille liv. ; conféquemment les premières ne doivent pas être diminuées d'un quart tout-à-fait, tandis que les fecondes doivent l'être de près de la moitié.

Pour partager ces pertes, découvertes par une marche simple, & en partant d'un point bien foible, fuivant l'ordre qu'elles fe font diftribué, l'examen de la fituation de la France fuffit pour en fixer la diftribution.

A peine le quart du Royaume s'eft confervé en grande culture, tant pour les terres labourables en grains, que pour les vignes.

Ce quart comprend les feules Provinces à portée de profiter de la dépenfe de la Capitale, où toutes les richeffes fe trouvent concentrées (15).

_____

(15) Paris, l'ornement & le gouffre de la Nation, réunit les trois quarts des richeffes du Royaume par le féjour des grands Propriétaires, tant Eccléfiaftiques que Laïques, ainfi que par celui de tous les riches Traitants. Le feul dérangement des dépenfes qu'occafionne cette réunion vicieufe, eft auffi onereux que le fléau d'une guerre continuelle, dont le plus grand dommage eft d'intervertir l'ordre des confommations. Le moyen naturel de rendre cet engorgement moins deftructeur, feroit de faire refluer dans les campagnes le plus d'argent qu'on pourroit par la dépenfe de la Capitale. Il faudroit employer tout ce qui pourroit favorifer & étendre ce retour de la circulation. Les taxes fur les confommations font

Un

Un second quart offre une petite culture paſſable qui ſéduit ceux qui

---

au contraire autant de digues qui s'y oppoſent.

En effet, ſoit qu'elles renchériſſent les denrées pour les acheteurs, ſoit qu'elles en diminuent le prix pour les vendeurs, la campagne reçoit toujours de moins toute la quotité des taxes qui forcent ou un retranchement dans les achats, ou un aviliſſement des valeurs; elles occaſionnent donc un étranglement dans la circulation, qui reſtreignant toujours le retour du numéraire à la reproduction, diminue les repriſes de la culture.

Avec des influences auſſi funeſtes, il eſt aiſé de ſentir le tort immenſe qu'ont fait à l'Etat les droits d'entrée de la Capitale, portés à un excès ſi monſtrueux, qu'ils ſont quelquefois le double de la valeur des denrées les plus intéreſſantes, tels que les vins communs. Pour juſtifier à ſes yeux l'abus de ces taxes dont on n'a jamais ſenti les conſéquences, on s'eſt fondé ſur la néceſſité de ne pouvoir plus trouver, & par conſéquent lever d'argent que dans Paris, & on s'eſt prévalu du prétexte ſpécieux d'empêcher tout le monde d'y affluer, en repouſſant le grand nombre par la cherté des ſubſiſtances.

Mais il devoit réſulter de cette fauſſe opération tout le contraire de ce que l'erreur ſembloit s'en promettre. Tous ceux qui ont ceſſé de pouvoir ſubſiſter par le travail de la culture des denrées, dont les taxes ont obligé de reſtreindre la conſommation, ſe ſont trouvé ſans autres reſſources que celle de ſuivre les

K

la poſſèdent, parce qu'elle eſt bien ſupérieure à la petite culture foible &

---

avances dont on les avoit dépouillés dans le ſéjour où elles s'accumuloient en fortunes pécuniaires au profit des Traitants ; l'épouvantail par lequel on prétendoit les éloigner, s'eſt trouvé illuſoire ; ainſi plus l'on a aggravé les taxes, plus la Capitale a vu voler dans ſon ſein tous ceux qui, ne pouvant plus vivre ſur la dépenſe de la reproduction, ſont venus pour eſcamoter quelque portion de celle de la déprédation.

MALGRÉ cette attraction continuelle, ſa population diminue plutôt qu'elle n'augmente. La miſere de l'intérieur du Royaume, produit pour la Capitale de la France, ce que l'autorité du Sultan fait pour la Capitale de la Turquie. Celle-là fait remplacer dans Paris tous ceux que le célibat & la débauche y détruiſent, comme celle-ci force de venir remplacer ceux que la peſte y enlève.

RIEN n'eſt plus certain que de génération en génération, le tiers au moins des chefs de famille n'eſt point originaire de Paris ; il ne ſert ainſi qu'à faciliter l'écoulement de la population du Royaume. D'ailleurs, les habitants ſalariés ne ſubſiſtent que par des métiers & des profeſſions qu'ils vont exercer dans des pays étrangers ; ces agents de l'induſtrie ne tiennent point au ſol ; ſans aucune patrie limitée, le beſoin les diſperſe par-tout : c'eſt ainſi que ſe dépeuplent les Royaumes que le ravage des Impôts indirects fait tomber dans le

mmiférable, qui fournit à peine le néceffaire phyfique à fes Agents infortunés, & qui, dans le refte du Royaume, préfente de vaftes plaines de
bruyères, à côté de quelques terres
maigres & mal labourées, où la fe-
mence paroît ne germer qu'à regret,
& où elle fe double à peine.

C'EST dans cet ordre de partage
qu'eft répandu fur la furface du Territoire, le trifte refte de nos richeffes
d'exploitation échappé à la voracité
des Impôts indirects, mais qui eft prêt
d'en devenir la proie.

CECI pofé, il eft facile d'apprécier la
maffe de leur reproduction totale,
leur produit net & le revenu des Propriétaires. Pour avoir une bafe unique
& folide d'eftimation, on calculera par
les avances primitives :

1°. LE quart en grande culture ne
s'y eft foutenu que parce qu'il a ménagé fes deux milliards d'avances primitives : fes avances annuelles font ref-

---

dépériffement ; mais le payfan, chef de famille, deftitué de talents, & trop âgé pour en
acquérir, languit & périt de mifère fur fes
propres foyers.

K ij

tées à cinq cents millions ; ces premières sembleroient avoir dû continuer de produire soixante-deux & demi
pour cent ; mais par la gêne qui sub-
siste encore sur le commerce des grains,
& par son peu de solidité, ainsi que
par les entraves de celui des liqueurs,
on ne peut estimer leur produit total
au dessus de deux cents vingt-cinq
pour cent de ses avances annuelles,
ou de cinquante-six & un quart des
primitives, ce qui fait un milliard
cent vingt-cinq millions. Le produit
net devroit être le tiers de cette somme, en laissant aux Cultivateurs dix
pour cent d'intérêt de leurs avances
annuelles & primitives ; mais les charges en pure déprédation qu'on a dé-
taillées plus haut, coûtant le tiers de
leur montant porté à cent cinquante
millions, force les Fermiers de la grande
culture à reprendre cinquante millions sur le produit net, qui feroit
de trois cents soixante-quinze millions
sans cette reprise, & qu'elle réduit à
trois cents vingt-cinq millions.

2°. Le quart en petite culture pas-
sable, n'est réduit à cet état que pour
avoir perdu la proportion favorable,

qui doit exifter entre les avances annuelles & les primitives : les fecondes
qui font le principe de la fécondité des
premières, y font réduites à quinze
cents millions , tandis que celles-là
font reftées à cinq cents millions ; les mêmes entraves du commerce forçant
de reftreindre à cinquante-fix un quart
pour cent le produit des avances primitives , il s'enfuit que la reproduction totale des quinze cents millions
qui les compofent , ne peut être que
de huit cents quarante-trois millions
fept cents cinquante mille livres , ce
qui fait environ cent foixante-huit pour
cent des avances annuelles. C'eft beaucoup que d'accorder aux Fermiers de
cette culture cinq pour cent d'intérêts
de leurs avances annuelles & primitives ; de plus, on ne peut leur refufer
la réferve des cinquante millions de
leurs charges en corvées, milices, &c.
ainfi leurs reprifes compofées de leurs
avances, intérêts , & de ces derniers
objets , doivent être de fix cents cinquante millions , & leur produit net
de cent quatre-vingt-treize millions fept
cents cinquante mille liv.

3°. LA moitié du Royaume dont
K iij

les habitants languiffent dans la mifère & dans l'indolence, n'a qu'une culture indigente par la forte diminution des avances primitives, qui étant le refte de ce qui a été fauvé de la déprédation, ne peuvent être que de huit cents millions ; tandis que celles - ci ont fouffert ce dépériffement qui eft des trois cinquièmes, les avances annuelles font reftées à cinq cents trente millions, & conféquemment ne font pas diminuées de moitié. C'eft le propre de la petite culture, moins elle jouit d'avances primitives, plus elle a befoin d'avances annuelles pour fes travaux ingrats & miférables (16). Pouvant

---

(16) IL eft hors de doute que de mauvais chevaux fans force, auxquels on abandonne une grande étendue de friches pour leur nourriture, coûtent plus à nourrir que des chevaux vigoureux nourris avec la dixième partie du même terrein cultivé ; qu'une charrue tirée par fix bœufs, & conduite par deux hommes, dépenfe plus qu'une tirée par trois forts chevaux, & dirigée par un feul chartier : il faut donc plus d'avances annuelles dans la petite culture que dans la grande pour l'exploitation d'une même étendue de terrein. Cette différence de pofition eft produite par la différence des avances primitives; c'eft le mauvais fonds

accorder ici le produit de ses avances
primitives à soixante-deux & demi

---

de l'attelier, & le défaut du premier amas de
provisions pour la nourriture des bestiaux, qui
rendent ses travaux annuels plus lents, plus
dispendieux & moins fructueux ; c'est donc par
l'épuisement des avances primitives que la petite culture s'établit, & pour une seconde conséquence naturelle, c'est le degré de leur épuisement qui rend le produit des avances annuelles plus ou moins ingrat.

FONDÉ sur cette considération dont la jus-
tesse est démontrée par la raison & par l'expérience, on distingue deux petites cultures telles qu'elles existent réellement dans la France ;
savoir, une médiocre, quoique foible, & l'autre très misérable. La seconde est le dernier
terme de la dégradation de l'Agriculture ; elle
est le dernier effort de l'épuisement des avances primitives, & un nouvel arrangement des
Propriétaires pour retirer au moins quelque
revenu de leurs domaines. Devenus les maîtres du foible reste des avances primitives par
la cession que les Fermiers ont été obligés de
leur en faire pour s'acquitter à la fin des baux,
pendant le cours desquels l'Impôt indirect les
avoit ruinés ; ils n'auroient pu les vendre que
dans l'espoir de trouver de nouveaux Fermiers
qui seroient venu apporter des richesses pour
réparer le vuide de celles qui auroient été
enlevées ; mais cette attente auroit été vaine.
Qui auroit pu produire ces restaurateurs de
l'Agriculture presque anéantie dans ces cantons malheureusement situés ? Ceux qui habi-

pour cent, parce que participant très
peu au commerce, ses entraves doi-

---

toient les plus favorables, étoient même affoiblis; il ne restoit donc que la ressource qu'on
faisit, c'étoit de contracter avec les malheu-
reuses victimes de l'Impôt, sous une forme
différente des anciens marchés.

Les Propriétaires consentirent à prêter les
avances primitives dont ils venoient de s'emparer, & à contribuer par là aux frais d'exploitation. Cette nouvelle manière d'être, en
changeant la face des choses, a jetté un voile
si épais, qu'il n'a presque plus été possible d'estimer la foible portion du produit net de cette
culture indigente. On y laisse en friche la
plus grande partie des terres pour servir de
pacage aux bestiaux qui donnent du profit
sans travail & sans avances. Les bois y sont
dévorés, parce que leur produit ne payeroit
pas les frais de leur garde : la terre n'y est
cultivée qu'aux dépens de la terre même, dont
la plus grande partie est sacrifiée en pure perte
à la culture de la moindre portion.

Rien n'est plus difficile dans ce dépérissement que d'estimer la portion du revenu réel
des Propriétaires : on risque à chaque instant
de faire des doubles emplois, sur-tout pour
les maîtres qui s'associent avec de pauvres mé-
tayers pour l'exploitation de leurs terres.
Ceux-ci gagnant à la destruction de la chose
pour accroître le produit des bestiaux qui leur
coûtent très peu de frais, font tout dévorer;
ils sont fainéants par impuissance, par intérêt, & par la loi trop dure qu'on leur impose.

vent caufer bien peu de préjudice au
peu d'échanges qu'elle a à faire, foixante-deux & demi pour cent de huit
cents millions découvrent que leur
reproduction ne doit être que de cinq
cents millions ; ce n'eft pas tout-à-fait
la régénération des avances annuelles
qui font de cinq cents trente millions ;
bien loin de donner du produit net,
il y a un vuide de trente millions dans

SI les maîtres femblent retirer la moitié
de la récolte, ils en regorgent une portion
pour les femences ; il faut, de plus, fouftraire
l'intérêt à dix pour cent qui doit leur appartenir pour la partie des avances primitives
qu'ils fourniffent à titre de cheptel. Cette diftraction réduit à bien peu de chofe ce qui refte
fur la moitié du petit produit total de la terre.
Cette confufion eft la caufe des furcharges
impofées fur le rapport de Commiffaires in-
capables de démêler tous ces objets dans les
Provinces réduites à cette petite culture,
& où on a établi la taille tariffée.

ON y diftingue deux genres de produit : celui
de la charrue y reftitue à peine fes frais ; ce n'eft
que fur les beftiaux qu'on nourrit fans dépenfe,
que fe complettent les reprifes, quoique très
bornées, des Fermiers, & le refte eft aban-
donné aux Propriétaires qui s'abufent fur la
fource de ce revenu, qui bien loin d'être le
fruit de la culture, n'eft que celui de fon
anéantiffement.

K v

les reprifes. On eft fans doute furpris de ce réfultat, quoique très réel : toutes les fois qu'on voudra examiner la reproduction de la charrue de la petite culture miférable, on trouvera que fa reproduction rend à peine fes frais ; mais dans cette culture, il exifte un genre de revenu qui eft le prix de la deftruction de tous les autres ; c'eft celui des beftiaux auxquels on abandonne une étendue immenfe de terrein pour les nourrir fans frais.

DANS l'état de profpérité de la grande culture , on avoit fous-entendu le produit des beftiaux, qui cependant ajoutoit neuf cents millions au produit des cinq milliards , parce que leur dépenfe & quelques frais particuliers abforboient cette fomme ; mais la mifère dans cette petite culture les convertit tous en profits achetés aux dépens du fonds qu'on laiffe couvrir de bruyères , & qui devient fans valeur. Cette moitié du Royaume devoit en avoir pour quatre cents cinquante millions ; mais devant être diminués au moins d'un tiers, il peut en exifter pour trois cents millions.

C'EST par cette reffource d'appau-

vriffement que fe complettent d'une
manière précaire les reprifes des Fermiers ; elles comprennent leurs avances
annuelles, avec les intérêts feulement
des primitives à cinq pour cent pour
les entretenir, fans en avoir aucun des
annuelles ; ce qui rend leur exiftence
fi incertaine, & fi dépendante de la
moindre crife : ils réfervent de plus
les cinquante millions des corvées, &c.
Ainfi, fur les huit cents millions de
la reproduction totale, leurs reprifes
doivent fe borner à fix cents vingt
millions, & laiffer pour le revenu
auffi illufoire qu'artificiel des Propriétaires cent quatre-vingts millions.

POUR réfumer ces trois différents
articles, on voit que la reproduction
actuelle de toute la culture de la France, doit ne pas excéder deux milliards
fept cents foixante-neuf millions, auxquels on peut ajouter quelques produits particuliers, qui ne reftituent que
leurs avances, tels que les mines,
carrières, & différentes pêches, qu'on
peut eftimer deux cents cinquante millions, & cinquante millions pour le
gibier, ainfi que pour les fruits des
jardins particuliers, dont on a fait un

revenu fondé fur l'anéantiſſement des autres. Ce total ſe trouve de trois milliards ſoixante-neuf millions, qui ne donnent que huit cents cinquante millions en produit net, & ſept cents millions ſeulement en revenu, à cauſe des charges indirectes en pure déprédation.

C'est par cette combinaiſon raiſonnée qu'on eſt parvenu à découvrir, & à démontrer le point aſſez précis de notre ſituation. On ne doute point que le cadaſtre promis & eſpéré ne confirme la juſteſſe de cet inventaire du Royaume. Si l'examen de nos pertes ne devoit produire que des regrets ſtériles, il ſeroit plus ſage d'en détourner les yeux ; mais leur connoiſſance étant un véhicule pour les réparer, il faut ſonder nos plaies avec fermeté, pour travailler avec conſtance à les guérir.

On voit que depuis un ſiècle, pour avoir voulu augmenter le revenu du Souverain de cent millions par des Impôts indirects, on a détruit deux cents ſoixante - huit millions cent ſoixante-treize mille liv. en avances annuelles, & deux milliards ſix cents quatre-vingt-un millions en primitives, un milliard

six cents quinze millions en reproduction de la culture, fur lefquels il y en
avoit neuf cents millions en produit
net, quoique le revenu en ait réellement perdu un milliard cinquante millions, par la rétention des cent cinquante millions de dépenfe, caufée par la
déprédation des corvées, milices, &c.
dont on confond ici le dommage avec
fondement ; ces opérations deftructives
ne devant leur naiffance qu'à la mifère
produite par l'Impofition indirecte, peuvent lui être attribuées comme des reflets de fes ravages. Il en eft de même
de l'aviliffement des valeurs vénales,
occafionné par les gênes du commerce,
ainfi que des produits inférieurs de la
petite culture qui concourent à cette
forte dégradation. Ce font deux reffources imaginées par l'indigence dans
un Royaume dévafté par les Impôts.

AVANT 1660, la dégradation des
avances annuelles étoit de deux cents
deux millions fix cents dix-fept mille
livres ; celle des primitives, d'un milliard dix millions neuf cents huit mille l. ;
celle de la reproduction, de fix cents
vingt-cinq millions : enfin, celle du
revenu, de deux cents cinquante-deux

millions. Toutes ces pertes réunies forment les suivantes ; favoir, en avances annuelles quatre cents foixante-huit millions huit cents quatre-vingt-dix mille liv. ; en primitives, trois milliards fix cents quatre-vingt-douze millions fix cents quarante-deux mille liv. ; en reproduction de la culture deux milliards deux cents trente-trois millions ; & en revenu, un milliard trois cents millions.

Si l'on confidère à préfent toutes ces dégradations fous leurs différents rapports, avec tous les ordres du Royaume, on trouve qu'ils doivent tous fe trouver dans un degré proportionnel de fouffrance & de dépériffement. D'abord le vuide de la reproduction en a dû caufer un égal dans le commerce, & dans les travaux de l'induftrie, qui doivent être diminués de moitié, puifqu'il leur refte à peine la moitié des objets, fur lefquels ils s'exerçoient (17).

---

(17) La reproduction générale a été portée à près de trois milliards cent millions par l'addition de trois cents millions en pêches, mines, gibiers, &c. ; mais ces objets étoient plus abondants avant la dévaftation de l'Impôt ; &, de plus, le produit des beftiaux qui

C'est cependant dans cet état d'affoibliffement qu'on s'applaudit d'avoir
porté les arts, & les manufactures au
plus haut degré de fplendeur. Nous
nous fommes laiffé féduire par quelques Fabriques de luxe, élevées fur les
débris de celles qui ont difparu avec
l'aifance générale qui les entretenoit.

Leurs profits concentrés dans quelques villes en ont impofé en faveur de
ces établiffements précaires. On s'eft
habitué à les regarder comme une fource féconde de richeffes, tandis qu'ils
ne fervent qu'à obtenir, en mendiant
chez l'Etranger, les moyens de fubfifter fur un refte très modique de productions que le gain des perfonnes que
les Impôts enrichiffent, prodigueroient
en nature au luxe des fuperfluités, fi

---

n'étoit pas compris dans les cinq milliards de
l'état de profpérité, mais qui fe trouve confondu ici, fur-tout dans les petites cultures
dont il conftitue la plus grande partie du revenu, devoit être pour neuf cents millions,
de forte que la reproduction totale réelle
étoit de fix milliards trois cents foixante-fept
millions deux cents mille livres, & conféquemment elle étoit plus du double de celle
qui nous refte. *Voyez la Philofophie rurale,
Tom. 1, Chap. 7, p. 387, de l'édit. in-12.*

on ne les rachetoit d'elles par des travaux propres à le satisfaire également par l'échange des productions de nos manufactures.

La population ne doit pas avoir souffert la même diminution, parce que les hommes ne disparoissent pas avec la même promptitude que la terre ferme son sein, dès que par la spoliation des avances de la culture on cesse de provoquer également sa fécondité. .

Si la France jouissoit encore, ou pouvoit recouvrer son ancien état de prospérité, elle pourroit entretenir dans l'aisance vingt-cinq millions d'habitants sur une reproduction de cinq milliards, qui fourniroit du fort au foible une consommation de deux cents liv. par tête ; la liberté, les encouragements, & sur-tout beaucoup de débouchés, & de consommations intérieures pourroient encore accroître cet Etat d'un sixième, sans avoir besoin de s'occuper de salaires, de voiturage, & de favoriser le monopole des Colonies & des Indes.

DANS notre épuisement nous ne pourrions entretenir dans le même de-

gré d'aifance que douze millions (18)
d'habitants ; cependant nous pouvons

---

(18) L'INTÉRÊT particulier & la flatterie
s'efforcent de pallier nos maux , & croient
y réuffir en fophiftiquant des eftimations qui
font monter notre population à vingt millions
d'habitants. On diroit à voir les calculs de
leur imagination , que les richeffes & la puiffance d'un Etat fe comptent par le nombre
de fes habitants , & qu'il n'y a pas de différence entre un grand nombre de confommateurs , & de grands moyens de confommation ; mais heureufement pour notre appau-
vriffement , leur préfomption eft fans fondement. Le filence gardé fur le dernier dénombre-
ment qui a été ordonné , & la petite quantité
de fubfiftances que produit notre territoire
defféché par l'Impôt , font deux motifs pour
croire qu'heureufement notre population at-
teint à peine aujourd'hui à feize millions d'habitants. Ce feroit encore quatre millions d'excédent pour l'état d'aifance , quand il n'y auroit aucun engorgement de richeffes , &
qu'elles pourroient fe diftribuer dans l'ordre
naturel.

MAIS les profits exceffifs de la Finance
refferrant entre cent mille Agents , qu'ils enrichiffent , la portion d'un million deux cents
cinquante mille Citoyens , par fes reprifes de
deux cents cinquante millions , notre reproduction hors la claffe financière ne pourroit
donc fuffire à entretenir dans l'aifance que
dix millions fept cents cinquante mille habitants.

en avoir feize, qui, dans un partage.
égal, ne trouveroient à dépenfer que
cent cinquante liv. chacun fur notre
reproduction réduite à trois milliards
foixante-fept millions, dont il faut
diftraire fix cents foixante-neuf millions
pour la nourriture des animaux, comme on en diftrayoit environ treize cents
millions pour la même deftination dans
l'état de profpérité. Mais comme les
profits de la Finance donnent à la claffe
des Traitants une portion trop confidérable de la reproduction, & qui nous
éloigne bien de cette proportion, le
plus grand nombre fe trouve fans reffource.

C'EST par cette raifon, malgré toutes les défenfes, & malgré le dernier
Édit, que les vagabonds n'en font pas
moins nombreux ; c'eft par elle que la
plupart des domiciliés font mendiants ;
c'eft par elle encore que nos vaftes hô-

ON demande à ces Ecrivains populateurs
qu'ils nous communiquent par quels moyens
ils pourroient faire fubfifter les quatre millions d'habitants, dont ils nous font préfent
gratuitement, ou quel plaifir ils peuvent goûter à accroître la mifère générale par ce furcroît de copartageants de notre reproduction.

pitaux deviennent tous les jours trop étroits.

QUELQUE multipliés qu'ils foient, quand tout le monde fouffre & fe plaint de cet excédent de population ; quand le Gouvernement lui-même prouve qu'il s'en apperçoit, tant par les mefures qu'il prend pour fupprimer la mendicité, que par fon attention à ménager beaucoup de falaires à ceux qu'il tâche de mettre à la folde de l'Etranger par le voiturage & par les manufactures à fon ufage : il eft furprenant, qu'au lieu de remonter à la fource du mal, en rétabliffant l'aifance par les les moyens propres à accroître les fubfiftances, on foutienne au contraire les fautes qui les diminuent ; qu'en même temps, tout le monde de concert defire d'accroître cette population ; & pour réuffir dans ce projet, qu'on n'ait imaginé que les moyens d'en rendre le fuccès plus onereux (19).

---

(19) IL a été un temps de zèle patriotique pendant lequel chacun croyoit fe fignaler en mariant des pauvres. Une dot modique en argent étoit l'attrait préfenté à deux individus, qui ne fongeoient pas plus au lendemain des noces que leurs patrons. Il fembloit que pour

AINSI, l'Impôt indirect en diminuant la population en conserve toujours un

---

peupler il suffisoit de faire des accouplements: on ne se doutoit pas même qu'il faut des subsistances renaissantes. Le petit pécule de la dot suffisant à peine pour meubler très succinctement le nouveau ménage; les conjoints dès le lendemain des noces n'avoient de ressources pour vivre que dans les salaires d'un travail rare à cause de la misère générale, & à leur défaut que dans la mendicité. Pour peu que ces unions fussent fécondes, ces salaires modiques & incertains devenoient insuffisants pour une famille nombreuse, il falloit que les charités vinssent à l'aide du travail ; ainsi ces libéralités mal entendues ne pouvoient réussir qu'à accroître la classe des mendiants.

CE qui doit paroître bien inconséquent, c'est que tandis qu'on sembloit se plaire à voir ainsi multiplier les pauvres, on présentoit un attrait aux gens aisés pour les empêcher de se marier : on cherchoit à absorber leur patrimoine par des rentes viageres & des tontines. Ceux-ci auroient pu peupler utilement en portant leur argent dans les campagnes pour y réparer les avances épuisées de l'agriculture ; ils auroient assuré la subsistance de leur posterité sur des productions renaissantes, & cette manière d'accroître la population eût été avantageuse.

IL est vrai que pour les inviter à prendre ce parti, il falloit commencer par supprimer l'épouvantail des taxes arbitraires qui avoient chassé les hommes & les richesses de la cam-

excédent, qui sous le rôle des mendiants leve un nouvel Impôt qui s'é-
tend en raison du premier. En se fai-
sant nourrir dans les campagnes, qu'ils
mettent à contribution, ils y forment
une seconde armée, à la suite de celle
des préposés pour la perception de
l'Impôt. Ils y arrachent par la crainte
presque tout le reste que laisse la première.

A l'égard des Propriétaires, ils sont
bien les victimes de la résistance qu'ils
ont opposée, & qu'ils opposent encore à l'établissement de l'unique Impôt
territorial. Ils ont forcé d'imaginer des
ruses pour leur faire supporter des charges justes & indispensables ; mais en
leur déguisant le fardeau, on les en a
accablés.

A mesure que l'augmentation des dépenses força d'accroître le revenu public, s'ils avoient connu leurs véritables intérêts, ils se seroient prêtés de

---

pagne ; mais tous les jours au contraire, on
étendoit le fléau comme si l'on craignoit
qu'elles n'y retournassent, & pour engager
leurs possesseurs à les vendre à l'Etat, avec
leur postérité au denier-dix.

bonne grace ; bien plus , ils auroient follicité avec inftance qu'on ne le formât que par un feul Impôt direct , réparti avec égalité , & que la perception leur en fût confiée , pour être faite fans frais : ils auroient trouvé des avantages infinis à en porter eux-mêmes le produit au tréfor public , comme un hommage de leur zèle , & une preuve de leur intelligence ; ils auroient aujourd'hui peine à croire la quantité de richeffes qu'ils fe feroient confervées.

Depuis la création des Impofitions indirectes , le revenu public n'a jamais été porté plus haut qu'à trois cents vingt millions , & encore par des accroiffements fucceffifs , néceffités autant pour payer les intérêts des dettes de l'État , qui le grevent à préfent de cent vingt-cinq millions , que pour les dépenfes de l'adminiftration. Si l'on eût eu affez de fermeté & de lumières pour faire face à chaque crife par l'extenfion de l'Impôt direct , il n'eût peut-être jamais excédé les fommes que l'Etat retire aujourd'hui par les Impofitions indirectes. On accorde même que le délire des conquêtes eût augmenté le re-

venu du Souverain, jufqu'à lui attribuer les deux feptièmes du produit net
du territoire ; ce qui eft le dernier terme auquel il puiffe être porté, mais
auquel on peut le foutenir au moins
pendant la guerre, fans donner fujet
à aucunes plaintes, du moins légitimement fondées. Le produit net feroit
encore de deux milliards, les deux feptièmes en auroient diftrait pour le Souverain cinq cents foixante-onze millions ; les Décimateurs & les Propriétaires jouiroient donc enfemble pour
leur revenu réuni, d'un milliard quatre
cents vingt-neuf millions, dans une
franchife & une immunité complettes.

MAIS pour avoir refufé le facrifice
fage & indifpenfable de cette portion
du produit net, les Impofitions indirectes en ont détruit un milliard cent
cinquante millions ; enfuite fur les huit
cent cinquante millions qui exiftent encore, elles prélevent cinq cents millions en droits fifcaux, & cent cinquante millions en charges en pure déperdition, qui fe répartiffent de la manière fuivante.

SUR les deux milliards fept cents
foixante-neuf millions de la reproduc-

tion totale, les reprifes des Fermiers, y compris leurs intérêts, commencent par abforber un milliard neuf cents vingt millions : ils réfervent enfuite entre leurs mains cent cinquante millions pour leurs charges en pure déperdition. Le revenu territorial fe trouve donc réduit à fept cent millions.

EN y joignant les trois cents millions du produit des pêches, mines, &c. dont l'exiftence eft achetée par des dépenfes égales, & conféquemment qui ne donnent point de revenu, il fe trouve que la confommation des Cultivateurs eft à-peu-près les deux tiers de la confommation générale, & qu'ils doivent compofer au moins les deux tiers de la fociété. Il femble devoir fuivre de cet ordre d'exiftence, que les Colons devroient payer les deux tiers des cinq cents millions que levent tous les Impôts fifcaux indirects ; mais la pauvreté, fur-tout des Agents de la derniere petite culture, leur interdifant prefque tout achat, & les réduifant à la toile pour tout vêtement, ainfi qu'à de mauvaifes productions de leur crû pour leur fubfiftance, ils achetent très peu, & ne contribuent point proportionnellement

tionnellement aux paiements des Impôts. C'eſt d'après cette conſidération qu'on ſe croit fondé à ne faire porter ſur les cultivateurs que les trois cinquièmes, au lieu des deux tiers des Impoſitions indireƈtes ; ce ſont donc trois cents millions qu'elles levent ſur les Fermiers qui les précomptent aux Propriétaires, & pour leſquels ils ont été obliges de réduire le produit général des baux ou le revenu à quatre cents millions. Ce reſte eſt encore grevé de quarante-quatre millions pour le dixième, & ſes deux ſols pour livre ; ainſi cette nouvelle charge réduit le revenu à trois cents cinquante-ſix millions.

CE n'eſt pas tout ; il faut fournir encore les deux cents millions qui ſervent à completter les repriſes de l'Impôt. La perception s'en fait par un repompement proportionnel ſur la dépenſe du revenu des Propriétaires, ſur celle qui eſt faite du produit de l'Impôt, tant ſur le Souverain même, que ſur les Traitants & leurs Sous-Employés, & de plus ſur celle du produit des pêches, mines, *&c.* Tous ces objets forment préciſément une dépenſe d'un milliard ; ſavoir, trois cents millions levés ſur les

L

Cultivateurs ; les quarante-quatre millions du dixième ; les trois cents cinquante-six millions du reste du revenu
des Propriétaires ; & les trois cents
millions des mines, pêches, *&c.* ainsi les
deux cents millions repompés par l'Impôt, font en raison du cinquième de la
dépense ; ils enlèvent donc encore aux
Propriétaires soixante - onze millions
deux cents mille livres, donc il ne leur
reste réellement qu'une jouissance libre
de deux cents quatre-vingt-quatre millions, huit cents mille livres ; l'Impôt
direct leur en auroit conservé une d'un
milliard quatre cents vingt-neuf millions : donc l'effet des impositions indirectes sur les Propriétaires des biens-
fonds , en France, est de l'avoir diminué des quatre cinquièmes.

Le sort du Souverain n'est pas plus
favorable , quoique les trois cents millions qu'il touche actuellement, soient
bien au dessous des cinq cents soixante-
onze millions qu'il auroit pu recueillir
par les mains des Propriétaires , en leur
ménageant un revenu quintuple de celui qu'il leur laisse, il s'en faut bien qu'il
puisse disposer de cette somme. L'intérêt de toutes les rentes dont l'Etat est

furchargé, commence par en diftraire chaque année, au moins cent vingt-cinq millions. Les canaux de fa dépenfe, quoiqu'infiniment moins coûteux que ceux de fa recette, lui coûtent au moins quinze millions, à raifon de cinq pour cent, attribués aux Tréforiers-Généraux & Particuliers, ainfi qu'aux Payeurs de toute efpèce & de toute couleur.

LES gages des Offices qui ont été des emprunts déguifés, lui enlèvent encore au moins quinze millions; il ne lui refte donc que cent quarante-cinq millions de difponible, & libres en apparence; mais étant grevés par le repompement d'un cinquième que l'Impôt lui enlève comme au dernier de fes fujets, ce cinquième de cent quarante-cinq millions, eft vingt-neuf millions qui, fouftraits des cent quarante-cinq, réduifent réellement les fommes dont il peut difpofer, à cent feize millions.

CES cent feize millions ne font pas bien éloignés de n'être que le cinquième du revenu dont il pourroit jouir, fi l'Impôt indirect n'eût pas comblé fes défordres : ainfi les moyens de fa dépenfe , ne font que le cinquième de ce qu'ils devroient être.

S'IL n'étoit pas obligé de payer les intérêts de tous les emprunts publics, il feroit auffi riche en ne levant que cent feize millions par un Impôt terri- torial , qu'il l'eft par des Impôts indi- rects qui levent fix cents quatre-vingt- quatorze millions , dont il paie fa part, & dont le fuccès des opérations occul- tes & ignorées , eft d'être réduit à ne pouvoir faire qu'une dépenfe réelle de cent feize millions.

LA puiffance de l'Etat eft diminuée dans une autre proportion. La repro- duction du territoire étant diminuée de moitié, c'eft de même que fi l'on avoit perdu la moitié des Provinces du Royaume ; cependant il faut le défen- dre tout entier ; il faut de plus pour conferver des poffeffions difperfées dans toutes les parties de l'Univers, divifer les forces ; ce qui rend encore la réfif- tance , & conféquemment la puiffance très foibles.

CEPENDANT fi l'on perfifte à vou- loir conferver ces Impôts deftructeurs, il eft prefque impoffible d'augmenter à préfent le revenu public par leurs canaux : on peut même le regarder comme porté au delà de son dernier cran d'extension.

Il est aisé de sentir qu'on ne peut plus augmenter les droits des Impôts indirects, sans perdre sur leurs anciens produits, plus qu'on ne gagneroit par les nouveaux accroissements. Ils commenceroient tous en Impôt anticipé dont l'influence naturelle est, en détruisant les avances de la culture, de détruire les Impôts· indirects anciens, & de se détruire eux-mêmes. Suivant le degré de dépérissement auquel la France est parvenue, le moindre accroissement doit éteindre une quantité de reproductions dont le vuide en causeroit un dans le produit des anciens droits, lequel ne pourroit être rempli par celui des nouveaux.

Si l'on ne craignoit de rebuter l'attention par quelques calculs dont la combinaison pourroit être trouvée trop abstraite, il seroit aisé de démontrer qu'un nouveau sol pour livre des Fermes diminueroit les moyens de la dépense du Souverain de plus de six millions, & le produit de l'Impôt de plus de neuf. Mais, sans avoir besoin d'exemples particuliers, il fuffit de s'en tenir à la funefte expérience qu'on en a faite dans la réduction de la Ferme dont le produit n'eft plus que la moitié-de ce qu'il devroit être. Le changement de valeur nominale du marc d'argent a favorifé l'illufion fur ce point. C'eft lui, dans des temps où l'on dédaignoit de réfléchir, qui a empêché de s'appercevoir des fautes qu'on commettoit. En vain on objectera que l'augmentation réunie des deux derniers baux a été de vingt-quatre millions ; ce qui fembleroit renverfer tous ces raifonnements, & prouver le peu de folidité de tous ces calculs. Mais ce fait, bien examiné, prouve, au contraire, en leur faveur, bien-loin de procurer contr'eux le moindre avantage.

La première augmentation fut achetée par la fage deftruction des Sous-Fermes dont les gains confidérables, prouvés par les fortunes rapides de leurs Agents, fournirent les moyens de faire face à l'augmentation exigée.

La feconde enchère a été fubie par les Fermiers, dans l'efpoir de repomper fur les Employés en fous-ordre, une partie du renchériffement du bail, confentant à en completter le refte par le facrifice d'une petite partie de leurs profits confidérables.

CE n'eft donc point par les fols pour livre, qu'on a réuffi à accroître le produit de la Ferme, mais par la réforme d'abus qui en abforboient une grande partie. D'ailleurs, ces vingt - quatre millions n'avoient aucun rapport avec le produit des fix fols pour livre qui auroient dû donner foixante millions; ils feroient du moins une preuve de dégradation, en n'en donnant que vingt-quatre ; & ces vingt-quatre millions étant puifés dans les deux fources d'économie qu'on vient d'indiquer, il s'enfuit que ces fols pour livre ont détruit autant qu'ils ont pu produire. Ces fources même n'auroient point été affez abondantes, fans la liberté rendue en partie au commerce des grains : leur exportation feule a empêché de plus grands progrès de la dégradation.

POUR fe convaincre de la folidité de cette affertion, il fuffit de fe rappeller le moment où les preffantes follicitations des bons Citoyens déterminèrent le Gouvernement à rouvrir cette fource de profpérité ; la mifère commençoit à faire fentir les ravages des accroiffe-ments de l'Impôt indirect ; on commen-çoit à y éprouver la dégradation pro-greffive des avances ; malgré les ref-fources de l'économie fur les profits des Sous-Employés de la Ferme , le bail actuel n'auroit jamais pu s'ache-ver , fans ruiner fes Entrepreneurs, à moins qu'ils n'euffent obtenu une dimi-nution de fon prix.

MAIS l'exportation des grains a heu-reufement garanti la Nation du dépé-riffement que les derniers accroiffe-ments trop légèrement ordonnés lui auroient fait fouffrir. Elles auroient pu même rétablir un peu l'aifance géné-rale , fi elle n'eût été affujettie à aucune gêne ; mais les entraves qu'on lui a données , ayant reftreint fes avanta-ges, elle ne pourra conferver tout au plus que l'ancien niveau du revenu & de la reproduction, quoique foumis à des charges plus pefantes.

C'EST fous ce point de vue qu'on doit calculer toute opération de finan-ce. Lorfqu'on augmente un Impôt in-direct quelconque, il faut examiner fi l'on ouvre en même temps quelques fources de richeffes qui ferviront à gatantir de ſa déprédation. Dans ce cas, il faut balancer leur bénéfice avec la charge du nouveau fardeau ; & ſur cette connoiſſance, on peut juger avec préciſion l'effet de l'impôt ſur le revenu des Propriétaires, & ſur celui du Souverain. Mais, ſi l'accroiſſement s'établit, ſans être accompagné d'aucune œuvre proſpère, il eſt auſſi facile d'en apprécier les dommages. Il ne faut que s'aſſurer de la proportion dans laquelle ſe trouve cet accroiſſement avec la maſſe entière de l'Impoſition.

Si on ſuivoit encore la même route par laquelle on a conduit la France au degré d'énervation auquel elle eſt réduite, on voit avec quelle promptitude, on acheveroit de la détruire : il ne faudroit pas abuſer long-temps de la reſſource trompeuſe de ces accroiſſements inconſidérés. Bientôt toutes les avances primitives ſeroient épuiſées ; il n'en ſubſiſteroit plus que quelques annuelles qui ſerviroient à cultiver quelques morceaux de terres dont la production ſuffiroit à peine pour nourrir ceux qui les auroient enſemencées. De mauvais pâturages & des friches très étendus y nourriroient quelques beſ

tiaux maigres & languiſſants. La chaſ-
ſe, la pêche, & des châtaignes formeroient les plus grandes reſſources de la
ſubſiſtance d'une nation détruite.

ELLE ſeroit ramenée au premier
point de la formation des Sociétés,
lorſque, dénuées de tout, elles ont
commencé à amaſſer, à force de travail & d'économie, les richeſſes foncières qui ont été le motif de leur réunion, & les fondements de leur exiſtence. Son ſort même ſeroit moins favorable ; car les erreurs qui l'auroient
minée, s'oppoſeroient à ſon rétabliſſement.

CEPENDANT l'autorité ſeroit diminuée avec les richeſſes de propriété,
dès qu'on ſeroit réduit à ne jouir que
des dons gratuits de la nature ; ſi-tôt
que le cultivateur ne ſeroit plus atta-
ché au ſol par les richeſſes d'exploitation ; enfin lorſque le Propriétaire, habitué à vivre de peu, n'auroit plus
qu'un foible intérêt à la conſervation
de ſon terrein en friche & ſans valeur.
A cette époque funeſte, il n'y auroit
plus qu'une Souveraineté idéale, la Patrie ne ſeroit qu'un vain nom, tout commerce, toute induſtrie auroient diſpa-

rus ; il resteroit bien peu de Sujets ; on ne trouveroit aucun citoyen ; tout habitant seroit errant & fugitif.

Qu'on ne regarde point ce tableau comme tracé par la mélancolie ; tous les Etats de l'Univers où la propriété est anéantie, en offrent la preuve, & en font le modèle. Les cantons les plus fertiles de l'Asie, l'Egypte elle-même, sont devenus incultes & déserts sous la domination despotique des Sultans.

Dans les Royaumes de l'Europe, où l'arbitralité des Impôts indirects, en attaquant la propriété, est parvenue à enlever les richesses d'exploitation, on n'y reconnoît plus ces Empires florissants qui tenoient le rang le plus élevé.

L'Espagne dont les possessions sont si étendues & si favorables, n'offre plus qu'un vaste désert. On y voit les richesses des grands Propriétaires, bornées à de nombreux troupeaux à la nourriture desquels les friches de plusieurs Provinces suffisent à peine. L'habitant, habitué par la misère à se passer de tout, y languit dans l'indolence. L'or & l'argent de ses mines refusent de se fixer chez elle (20).

Ce n'est qu'à l'Impôt indirect qu'on

---

(20) On va tâcher de donner une idée du degré d'énervation de cette belle Monarchie, & de prouver que ses laines qui passent pour un grand objet de richesses, ne sont qu'une foible ressource de sa misère, & le triste reste de la spoliation des richesses de ses campagnes.

Nous prendrons pour exemple un troupeau de douze mille têtes, pour la nourriture duquel il faut au moins une lieue quarrée de friches; ces douze mille têtes produisent l'une dans l'autre quarante-huit mille livres pesant de laine en suain, qui se vendent pour prix moyen quarante-huit mille livres. Voilà donc tout le produit d'une lieue quarrée en Espagne dans le pays du pacage des moutons.

Mais ce produit coûte trente-deux mille livres d'avances annuelles pour les gages des Bergers , leur nourriture & celle de leurs chiens : il ne reste conséquemment que seize mille livres pour le Propriétaire, qui seroit dans la plus grande illusion s'il comptoit cette somme pour le produit net de son sol; les douze mille têtes lui coûtant au moins cent vingt mille livres, il faut qu'un pareil troupeau soit accompagné au moins de douze cents chevres pour nourrir de leur lait les Pasteurs, & cent ânes pour porter les filets des parcs avec les tentes des Bergers ; en ne mettant ces deux derniers objets que pour quatorze mille livres, toutes ces sommes réunies prouvent que les avances primitives d'un tel troupeau montent à cent trente-quatre mille livres : il faut

doit attribuer l'épuifement de cette Monarchie. Les entreprifes immenfes

y ajouter les trente-deux mille livres d'avances annuelles ci-deffus, ce qui forme en tout cent foixante-fix mille livres d'une richeffe mobiliaire qu'un *Ganadere* doit avoir en fa poffeffion pour tirer quelque parti de fon terrein.

Il n'eft aucun commerce expofé à autant de rifques que cet emploi de richeffes, qu'une mortalité peut détruire entièrement; on ne peut donc accorder à cet emploi d'argent, un intérêt au deffous de dix pour cent, ce qui feroit un profit de feize mille fix cents livres; il n'eft que de feize mille livres, il s'en faut donc fix cents livres que le Propriétaire d'un tel troupeau n'ait le bénéfice légitime qui lui appartient; ainfi le produit du fol eft abfolument nul.

Si la dépenfe de ces feize mille livres eft foumife à des Impofitions indirectes qui en enlèvent le cinquième, comme en France, ce font trois mille deux cents livres qu'il faut en fouftraire, ce qui ne laiffe aux Propriétaires que les moyens très hafardés d'une dépenfe réelle de douze mille huit cents livres pour le prix d'un fonds, dont la valeur illufoire eft peut être payée auffi cher que la valeur des avances néceffaires, & dont on ne tire pas plus de reffources que dans la vie paftorale.

Le Souverain perçoit fur la laine vingt pour cent de fa valeur, ou le cinquième de la reproduction totale par des Impôts indirects, qui doivent abforber en frais la moitié des

& les guerres continuelles de la Maifon d'Autriche font les fuites des té-

***

fommes qu'il leve , & qui réduifent par conféquent les neuf mille fix cents livres qu'on eft
cenfé lever à fon profit, à quatre mille huit
cents livres ; il faut retrancher de cette fomme le cinquième pour les droits de confommation que le Souverain paie comme fes Sujets ; il ne lui refte donc que trois mille huit
cents quarante livres pour la dépenfe effective
qu'une lieue quarrée de pâturages fournit en
Efpagne à la puiffance publique.

QUELLE différence fi cette lieue étoit établie en propriétés foncières fur lefquelles il
exiftât une riche & grande culture ! Une lieue
quarrée pourroit contenir douze Fermes de
trois charrues , dont la reproduction totale
feroit, fous les aufpices de l'ordre naturel, de
deux cents feize mille livres, dont il y en
auroit foixante-douze mille livres en produit
net , dont les deux feptièmes cédés par l'Impôt direct , donneroient au Souverain vingt
mille cinq cents foixante-dix livres ; en laiffant
aux Propriétaires pour leurs quatre feptièmes vingt-un mille cent quarante livres , le
revenu de l'Etat feroit plus que quintuplé, &
celui des Propriétaires feroit plus que triplé.
La reproduction feroit plus que quadruple ,
& conféquemment pourroit entretenir une
multiplication proportionnelle de fa population ; enfin le commerce feroit plus que
doublé , car au lieu des quarante-huit mille
francs de laine fur lefquels il s'exerce , il auroit pour aliment les foixante-douze mille liv,

nèbres de fon adminiftration. Elle eût
été forcée de mettre des bornes à fon

---

du produit net, avec le tiers des reprifes de
la culture qui feroit de trente-fix mille huit
cents livres.

CETTE différence de l'état de mifère actuelle à celui de la profpérité dont l'Efpagne
devroit jouir, eft bien frappante; mais la caufe
n'eft point un être moral, ce n'eft point l'indolence & l'impéritie de fes habitants, telle
que des efprits fuperficiels fe plaifent à le
dire; elle dépend uniquement du défaut de
richeffes qui feroient néceffaires pour créer les
propriétés & leur culture. Elles font un objet bien effentiel & bien confidérable : les
douze Fermes exigeroient pour les bâtiments
& les défrichements, à raifon de quarante
mille livres chacune, quatre cents quatre-
vingt mille livres; les richeffes d'exploitation
à dix mille livres d'avances primitives par
charrue, & deux mille livres d'avances annuelles monteroient encore à trois cents
trente - deux mille livres; ces deux fommes
montent à huit cents douze mille livres,
dont il n'exifte que les cent foixante-fix mille
livres ci-deffus, & environ quarante mille
livres en édifices conftruits pour le logement
des beftiaux lorfqu'ils viennent pour la tonte,
lefquels pourroient former une Ferme; le
vuide des richeffes de la campagne eft donc
au moins de fix cents fix mille livres par
lieue quarrée; elle n'a donc à préfent que le
quart des richeffes dont elle a befoin, & tant
qu'on ne faura point attacher à fon fol les

ambition, si elle eût connu celles de sa puissance. Un Impôt unique pris à la source du revenu, auroit pu seul les lui découvrir; mais les Impositions indirectes lui ayant fait perdre de vue ce revenu, elle n'a plus eu de guide dans sa marche; ses efforts aveugles l'ont presque détruite, & son attachement à des usages ruineux & spoliatifs est un obstacle insurmontable à son rétablissement.

LES trois quarts des Provinces de la France offrent un spectacle aussi douloureux; elles sont dépeuplées en grande partie, & surchargées encore du reste de leur population à cause de leur pauvreté; la nature y paroît étouffée, la terre semble n'ouvrir

---

trois quarts de celles qui lui manquent, l'Espagne languira dans la foiblesse, & ses habitants seront fainéants par l'impossibilité d'être actifs.

Nous n'avons compté qu'une lieue de terrein pour la nourriture d'un tel troupeau: peut-être en comptant le double, serions-nous encore au dessous de la réalité; alors l'indigence de l'Espagne seroit double du calcul que nous venons de tracer, & la régénération de ses richesses seroit d'autant plus difficile à procurer.

fon fein qu'à regret à une culture dé-
pouillée de prefque toutes fes avances primitives, & elle le refferre à
mefure qu'on les épuife encore.

Au lieu de chercher à faifir la vérité dans la contradiction apparente
qu'offrent de foibles productions invendues vis-à-vis beaucoup de confommateurs dépourvus même du néceffaire ; on a examiné ces deux maux
féparément & fuperficiellement. Pour
réparer le premier, on defire d'augmenter encore le nombre des confommateurs, quoiqu'on en regorge ;
& pour fubvenir au fecond, on veut
accroître la maffe des productions,
quoiqu'on manque de moyens pour
confommer le peu qui en exifte.

C'est fur-tout pour feconder ce
dernier defir qu'on a créé les Sociétés d'Agriculture. Dans l'illufion à laquelle on étoit livré, on s'eft flatté
que le zèle de Citoyens appliqués ;
que l'encouragement répandu par leur
exemple, enfin que la communication
de leurs lumières fuffiroient pour guider & pour animer les Cultivateurs,
dont l'ignorance & la pareffe fem-
bloient les feuls obftacles à furmon-

ter. Au moment de leur formation , les nouveaux Membres ont partagé cette fauſſe prévention ; ils ſe ſont appliqués d'abord à recueillir & à répandre les procédés des Pays où l'agriculture eſt floriſſante. En vain ils ont multipliés les plus utiles leçons, elles ont toutes été infructueuſes.

Bientôt la réflexion leur a ouvert les yeux : en les fixant ſur les campagnes, dont ils ont approfondi la ſituation, ils y ont reconnu la cauſe de leur inertie dans leur pauvreté. Ils ſe ſont bien convaincus que celle-ci étoit produite par la déprédation des Impôts indirects & arbitraires, par les gênes du commerce & par les droits ſur les conſommations. Voilà les vrais principes du dépériſſement de la culture , juſqu'à ce qu'elles aient ſurmonté tous ces obſtacles à ſon rétabliſſement ; toutes les autres opérations doivent être inutiles, ſuivant l'ordre phyſique de l'Univers.

Déja pluſieurs voix ſe ſont élevées en faveur de la liberté entière du commerce ; quelques-uns de ſes Agents intéreſſés ont en vain étalé tout ce que le préjugé & l'habitude avoient confacré pour les enrichir aux dépens de leurs Concitoyens ; mais leur confiance doit commencer à s'évanouir à la lueur du flambeau du raiſonnement, dont ils ne peuvent prefque plus foutenir l'éclat. Le crédit appuyé de quelques fubtilités ofe encore difputer le terrein ; cependant la vérité doit toucher au moment de fa victoire. La bienveillance du Gouvernement ne peut différer encore long temps de rompre les chaînes de l'induſtrie, & de rétablir la propriété dans cette portion de fes droits.

A l'égard de l'Impôt indirect, vous êtes les premiers, MESSIEURS, qui avez propofé à la Nation d'en faire une difcuffion méthodique : cette tentative de votre zèle patriotique guidé par le Citoyen précieux, qui vous préfide, vous mérite avec lui & vous affure dès aujourd'hui la reconnoiffance de la Nation, quand tout votre travail feroit fans fuccès.

CETTE crainte feroit offenfante pour la bonté du Souverain que nos cœurs ont décoré du titre de *Bien-Aimé*, & pour la pureté des intentions des Miniſtres, qui conſtamment occupés à ſeconder ſes vues, ſavent que ſes deſirs n'ont d'autre objet que la félicité des Citoyens & la puiſſance de l'Etat.

IL eſt hors de vraiſemblance qu'en préſentant des démonſtrations géométriques de tous les dommages cauſés par l'Impôt indirect, du degré d'épuiſement du Royaume, de celui de l'affoibliſſement du Souverain, & de la miſère de tous les ſujets ; on puiſſe conſerver une forme d'adminiſtration, qui ne permettra jamais de rien réparer tant qu'elle ſubſiſtera ; car pendant qu'on détruit, il eſt impoſſible de créer (21).

----

(21) IL n'eſt pas néceſſaire d'étendre l'Impôt indirect par de nouveaux accroiſſements pour qu'il étende ſa deprédation ; les profits conſidérables des Entrepreneurs de l'Impôt, ont chaque année l'influence deſtructive d'un accroiſſement ; l'excédent de leur dépenſe en ſuperfluités eſt la portion du néceſſaire enlevé à un grand nombre de Citoyens, & leurs amas conſidérables ſont un raviſſement d'une portion du numéraire, qui ne retournant point par la dépenſe à la culture, diminue ſes repriſes, & par une ſuite naturelle, la reproduction & le revenu.

Tout l'embarras fera de fuppléer
au revenu public, dont la forme de

On peut donner une idée de cette déprédation continuelle en préfentant un réfumé
des profits des chefs de la Finance depuis 1726
jufqu'en 1754, tracé par M. de Forbonnais
dans fon Ouvrage *des Confidérations fur les
Finances*. Ce Savant affure que pendant cet
efpace de vingt-huit années, les Fermes &
les recettes générales, les différentes places
de Tréforiers-Généraux, les entreprifes de
vivres, d'Hôpitaux & de Marine, ont donné
au moins onze cents millions de profits qui
ont été partagés entre huit cents familles tout
au plus.

Leur prodigalité qui a porté fi haut le
luxe de fuperfluités, l'autorife à eftimer que
la dépenfe de ces huit cents familles a pû être
pendant ce court intervalle de temps de fix
cents millions; leur opulence actuelle prouve
en même-temps qu'elles ont dû accumuler
cinq cents millions, qu'il compte pour le tiers
du numéraire de la France.

Six cents millions dépenfés entre huit cents
familles, donnent fept cents cinquante mille
pour chacune, cette fomme divifée par vingt-
huit années, établit fa dépenfe annuelle à
vingt-fix mille huit cents livres. Qu'on fuppofe, par le grand nombre de valets que les
Financiers nourriffent pour leur fafte dans
l'oifiveté, que chacun d'eux ait entretenu une
maifon compofée de vingt perfonnes, ce qui
fait cinq feux réunis dans un feul; ces vingt
perfonnes ont donc confommé chacune treize

la perception actuelle est un sacrifice
indispensable au rétablissement de la

---

cents quarante livres par année : notre reproduction ne donnoit que cent cinquante
livres à chaque Citoyen ; il est donc clair que
chaque menage de Traitants absorboit , &
prodiguoit entre vingt personnes ce qui
en auroit nourri cent soixante - dix - huit :
donc il n'existoit qu'en ravissant la subsistance
de cent cinquante-huit , dont il ne remplaçoit point la consommation en choses utiles :
donc ces huit cents familles ont anéanti par
l'excès seul de leur dépense cent quarante-
deux mille neuf cents trente-deux Citoyens.

Mais les cinq cents millions accumulés
ont eu des suites bien plus funestes ; ce qui
s'accumule est soustrait à la dépense ; ce qui
est soustrait à la dépense ne retourne point
à la culture , & conséquemment diminue la
reproduction. Or , cette somme de cinq cents
millions a été formée par l'amas successif de
dix-huit millions chaque année. Ils étoient
destinés à payer la subsistance, & conséquemment à la faire renaitre de cent vingt mille
Citoyens, qui se les étant vus enlever, se sont
dispersés en partie chez l'étranger , & sont
retombés en partie sur la portion des autres
aux dépens de l'aisance générale qui a dû diminuer chaque année dans la raison de la reproduction anéantie à la reproduction conservée : ainsi l'amas de ces cinq cents millions
a dû coûter à la reproduction générale pendant le cours de vingt-huit années la subsistance de trois millions trois cents soixante

profpérité du Royaume ; vous l'avez fagement prévu, MESSIEURS, en propofant pour le fujet du travail de l'année prochaine, *la maniere d'eftimer le revenu de tous les biens-fonds du Royaume dans les différents genres de culture.* C'eft préparer les feuls moyens d'établir l'Impôt unique territorial. Si ces

---

mille habitants à cent cinquante livres chacun, dont la plupart fe font expatriés & anéantis, & le refte eft demeuré en furcharge pour former ce corps nombreux de mendiants domiciliers & vagabonds qui défole le Royaume, & eft devenu à fi jufte titre l'objet de l'attention du Miniftère.

ON fait à-peu-près que depuis cette époque l'abus de ce profit ne s'eft pas foutenu fur le même ton ; mais il eft dans la nature des chofes qu'il en fubfifte une grande partie tant que le fyftème de la Finance fera le même, & dès-lors fes fuites deftructives ne cefferont point de conduire l'Etat avec plus ou moins de rapidité au même dépériffement.

ON conçoit avec quelle promptitude fa marche feule doit précipiter le Royaume le plus floriffant dans la plus affreufe pauvreté. On ne craint point qu'on puiffe rien oppofer de folide à ces démonftrations des influences deftructives des Impôts indirects & arbitraires ; on a droit de fe flatter qu'après les avoir rendues auffi fenfibles, tout concourra à les faire fupprimer.

ouvrages font bien traités, & s'ils peuvent être accueillis du Public, vous aurez la gloire d'avoir ouvert les yeux à la Nation, & vous mériterez d'en paffer pour les Reftaurateurs. Je me trouve trop heureux de pouvoir contribuer fous vos aufpices à lui rendre ce fervice ; il eft, fans contredit, le plus grand qu'elle puiffe recevoir.

J'AI l'honneur d'être avec refpect,

MESSIEURS,

Votre très - humble & très-
obéiffant Serviteur. * * *.

www.ingramcontent.com/pod-product-compliance
Ingram Content Group UK Ltd.
Pitfield, Milton Keynes, MK11 3LW, UK
UKHW021648170726
13836UKWH00005B/2453